L'économie aux concours

Jean-Louis Doney
Agrégé de sciences sociales
Enseignant à la faculté de sciences juridiques et politiques de l'université de Franche-Comté
Ancien directeur de l'IPAG de Besançon

Formation Administration
Concours

DILA

Collection dirigée par
Claire-Marie Buttin

Rédaction
Monique Tolmer

Conception graphique
Michelle Chabaud

Mise en page
Brigitte Darthois

Impression
DILA

ISBN : 978-2-11-145116-2
ISSN : 1152-4235

Collection FAC en petit format

Les finances publiques aux concours (2016)
Matthieu Houser

Les questions sociales aux concours (2016)
Suzanne Maury

La GRH dans la fonction publique (2016)
Suzanne Maury

Le droit administratif aux concours (2015)
Matthieu Houser, Virginie Donier et Nathalie Droin

La composition sur un sujet d'ordre général (2015)
José Comas et Pierre Molimard

L'Europe aux concours (2015)
Michel Dumoulin

L'entretien avec le jury (2015)
Chantal Perrin-Van Hille

Sommaire

Présentation ... 5

Partie 1
Les principaux mécanismes économiques ... 7

Chapitre 1
Le circuit économique ... 9
Fiche 1. Les opérations et les agents économiques ... 10
Fiche 2. Les comptes de la nation ... 14

Chapitre 2
Les marchés ... 23
Fiche 1. La concurrence pure et parfaite et le monopole ... 24
Fiche 2. La concurrence imparfaite ... 34

Chapitre 3
Les mécanismes monétaires et le financement de l'économie ... 43
Fiche 1. La monnaie ... 44
Fiche 2. Les analyses théoriques de la monnaie ... 56
Fiche 3. Le financement de l'économie ... 65

Chapitre 4
Les déterminants de la demande globale ... 83
Fiche 1. Consommation et épargne ... 83
Fiche 2. L'investissement ... 90

Partie 2
Les principaux enjeux économiques ... 99

Chapitre 1
La croissance économique ... 101
Fiche 1. Les facteurs de la croissance ... 102
Fiche 2. Les analyses théoriques de la croissance économique ... 106
Fiche 3. Les conséquences de la croissance économique ... 111

Chapitre 2
Le chômage et l'emploi ... 117
Fiche 1. La population active ... 118
Fiche 2. Le chômage et le sous-emploi ... 122
Fiche 3. Les interprétations du chômage ... 129

CHAPITRE 1

Le circuit économique

Les économistes ont besoin de décrire et de quantifier les opérations économiques nouées par les agents sur une période. Cependant, il est impossible de prendre en compte la totalité de ces opérations dans leurs détails. La tâche serait insurmontable mais, surtout, les informations s'avéreraient difficiles à interpréter. Il faut procéder par agrégation de ces dernières, c'est-à-dire additionner les opérations de même nature réalisées par des agents économiques identiques.

Nous définirons donc, dans un premier temps, les principaux acteurs (ou secteurs institutionnels) identifiés par les économistes à partir de critères économiques objectifs. Dans un second temps, nous examinerons les opérations économiques prises en compte (fiche 1).

La description du circuit économique permet de traduire les interrelations entre agents et entre opérations. On ne peut saisir toutes les conséquences d'une opération économique si l'on ne prend pas en compte ses conséquences tout au long du circuit économique. Par exemple, il ne faut pas se contenter de considérer les incidences d'une baisse généralisée des salaires sur les coûts de production mais intégrer aussi l'influence qu'elle peut avoir sur la consommation et, donc, sur les débouchés des entreprises.

La comptabilité nationale enregistre dans un cadre comptable les opérations des agents au cours d'une année. Ces comptes aboutissent au calcul des agrégats de la comptabilité nationale, que nous présenterons dans la fiche 2.

Fiche 1
Les opérations et les agents économiques

Section 1. Les acteurs de l'économie

Dans les présentations de l'INSEE et de la comptabilité nationale, les agents économiques sont classés selon :
– **leur fonction principale :** les différents agents peuvent remplir des fonctions multiples, mais avec des intensités et des implications différentes ;
– **leurs ressources principales :** les salaires constituent, par exemple, le principal revenu des ménages mais ils perçoivent aussi des revenus de transfert, des intérêts et des dividendes (revenus des placements).

Les secteurs institutionnels : fonction et ressources principales

Secteur institutionnel	Fonction principale	Ressources principales
Sociétés et quasi-sociétés non financières	Produire des biens et services marchands non financiers	Produit des ventes
Ménages	Consommer	Revenu d'activités salariées
Institutions de crédit	Financer : collecter, transformer et répartir les disponibilités	Dépôts
Entreprises d'assurance	Assurer	Primes
Administrations publiques	Produire des services non marchands destinés à la collectivité	Versements obligatoires
Administrations privées	Produire des services pour des groupes particuliers (exemples : associations culturelles et sportives, syndicats)	Versements volontaires
Reste du monde	Opérations entre résidents et non-résidents	

Sommaire

Présentation 5

Partie 1
Les principaux mécanismes économiques 7

Chapitre 1
Le circuit économique 9
Fiche 1. Les opérations et les agents économiques 10
Fiche 2. Les comptes de la nation 14

Chapitre 2
Les marchés 23
Fiche 1. La concurrence pure et parfaite et le monopole 24
Fiche 2. La concurrence imparfaite 34

Chapitre 3
Les mécanismes monétaires et le financement de l'économie 43
Fiche 1. La monnaie 44
Fiche 2. Les analyses théoriques de la monnaie 56
Fiche 3. Le financement de l'économie 65

Chapitre 4
Les déterminants de la demande globale 83
Fiche 1. Consommation et épargne 83
Fiche 2. L'investissement 90

Partie 2
Les principaux enjeux économiques 99

Chapitre 1
La croissance économique 101
Fiche 1. Les facteurs de la croissance 102
Fiche 2. Les analyses théoriques de la croissance économique 106
Fiche 3. Les conséquences de la croissance économique 111

Chapitre 2
Le chômage et l'emploi 117
Fiche 1. La population active 118
Fiche 2. Le chômage et le sous-emploi 122
Fiche 3. Les interprétations du chômage 129

Chapitre 3
L'inflation 137
Fiche 1. Définitions et mesures de l'inflation 137
Fiche 2. Les conséquences de l'inflation 142
Fiche 3. Les explications de l'inflation et les politiques anti-inflationnistes 147

Chapitre 4
La mondialisation 153
Fiche 1. Les caractéristiques de la mondialisation 154
Fiche 2. Les analyses théoriques du commerce international 160
Fiche 3. Les conséquences de la mondialisation 171

Chapitre 5
Les pays en développement 177
Fiche 1. Caractériser le sous-développement 178
Fiche 2. Les explications du sous-développement 182
Fiche 3. Les stratégies de développement 186

Chapitre 6
Les politiques économiques 191
Fiche 1. Les politiques conjoncturelles 192
Fiche 2. Les politiques structurelles 200

Chapitre 7
Les politiques européennes 211
Fiche 1. Analyse économique de l'intégration européenne 212
Fiche 2. La politique conjoncturelle dans l'Union monétaire 217
Fiche 3. Les politiques structurelles de l'Union européenne 223

Bibliographie 228

Index 229

Présentation

L'objectif de cet ouvrage est de préparer les candidats aux concours administratifs à affronter les épreuves à fort contenu économique (questions à réponse courte, dissertation de culture générale[1]). Il s'appuie largement sur le programme du concours externe d'entrée aux instituts régionaux d'administration (IRA), qui présente l'avantage de couvrir l'ensemble des principales questions économiques actuelles.

Dans notre ouvrage, l'accent est mis sur l'articulation entre les analyses théoriques et les faits économiques (historiques et contemporains). Les candidats doivent savoir qu'une réponse rigoureuse à un questionnaire à réponses courtes (QRC) ne peut se limiter à de simples descriptions des faits. Il importe d'argumenter en mobilisant les analyses théoriques et les constats empiriques de manière à mettre en évidence la pluralité des interprétations économiques ainsi que la portée et les limites de chaque analyse. Les candidats éviteront ainsi deux défauts importants que les jurys constatent régulièrement : les réponses plates, « journalistiques » et les développements excessivement militants.

La première partie est consacrée à la description des principaux mécanismes économiques (les comptes de la nation et le circuit économique, le fonctionnement des marchés, les mécanismes monétaires et le financement, les déterminants de la demande globale). La seconde partie aborde les grandes questions économiques contemporaines (l'inflation, le chômage, la croissance économique, le développement économique et les politiques économiques).

Chaque fiche se conclut par une rubrique « Retenir l'essentiel » qui permet de mémoriser plus facilement le cheminement de l'analyse ainsi que les relations entre les concepts importants. Des encadrés sont également présents pour approfondir certains points. On peut les laisser de côté lors

1. Les questions économiques sont en effet fréquentes dans les épreuves de culture générale qui visent à tester les connaissances des candidats en matière de politiques publiques (exemple : « Comment l'État peut-il lutter efficacement contre la pauvreté ? », concours externe des IRA, 2014).

d'une première lecture afin de ne pas alourdir l'apprentissage et y revenir lorsqu'on maîtrise les principaux éléments de la fiche.

Nous vous conseillons d'accorder une attention particulière à la définition des principaux concepts, surtout lorsqu'ils font partie du langage courant (exemples : consommation, épargne, investissement). Une bonne maîtrise du vocabulaire économique vous évitera bien des déboires en termes de délimitation thématique des sujets.

Une bibliographie indicative et quelques adresses de sites internet figurent à la fin de l'ouvrage. Ces sources constituent des ressources complémentaires indispensables pour parfaire votre préparation aux concours.

Partie I

Les principaux mécanismes économiques

Section 2. Les opérations économiques

1. La production

Selon l'INSEE, la production est « *l'activité socialement organisée consistant à créer des biens et des services s'échangeant habituellement sur le marché et/ou obtenus à partir des facteurs de production s'échangeant sur le marché* ».

Cette définition appelle quelques remarques :
– on ne se désintéresse pas totalement de certaines opérations effectuées à titre personnel par les individus (le travail ménager, le bricolage) mais on ne les intègre pas dans la mesure de la production marchande. C'est une limite importante de la comptabilité nationale ;
– l'expression « *s'échangeant habituellement sur le marché* » fonde la distinction entre la *production marchande* et la *production non marchande*. Cette dernière (essentiellement des services) est fournie gratuitement ou à un prix n'excédant pas la moitié du coût de production. Elle est évaluée au coût des facteurs de production ;
– les facteurs de production sont les ressources économiques (non gratuites) entrant dans la fabrication d'un produit : le capital, le travail, la terre, les consommations intermédiaires.

2. La répartition

La production fournit des richesses qui sont réparties entre les individus. Étudier la répartition revient à aborder la question de la formation des revenus.

On distingue :
– la *répartition primaire*, qui rétribue la participation à la production ;
– la *répartition secondaire* : elle fait intervenir l'État, qui redistribue les sommes prélevées au titre des impôts ou des cotisations sociales sous forme de transferts publics (subventions) et sociaux (prestations de Sécurité sociale et allocations familiales...).

3. La satisfaction des besoins

a) La consommation finale

Elle désigne la valeur des biens utilisés pour la satisfaction directe des besoins humains (individuels ou collectifs).

b) Les besoins de la production

Pour produire, il faut utiliser et donc acquérir d'autres biens et services. À ce niveau, on distingue les consommations intermédiaires et l'investissement.

Les consommations intermédiaires

Il s'agit de la valeur des biens, services et matières premières qui entrent dans la production et sont transformés au cours du processus productif (par exemple, la farine est une consommation intermédiaire pour le boulanger mais une consommation finale pour les ménages).

L'investissement ou formation brute de capital fixe (FBCF)

Ce sont les biens dont la durée de vie excède le cycle de production. Ils ne disparaissent pas et ne sont pas transformés dans ce cycle. Le volume de capital fixe augmente lorsque de nouveaux biens capitaux sont acquis : il s'agit de la formation brute de capital fixe (FBCF). En revanche, la valeur du capital diminue sous l'effet de l'usure ou de la consommation de capital fixe (amortissement).

4. Le financement des opérations

Les opérations supposent une circulation de moyens de paiement. On distingue deux grandes catégories d'opération financière.

a) Les opérations financières de contrepartie

Elles correspondent à la circulation des moyens de paiement (circuit monétaire) intervenant en contrepartie d'un bien ou d'un service (circuit réel).

b) Les opérations financières (au sens strict)

Elles ne viennent pas clore une opération réelle sur biens et services : prêts et dépôts, mais aussi achats de titres financiers (obligations, actions, fonds communs de placement…). La circulation peut s'effectuer à partir d'une monnaie préexistante (dépôt d'épargne des ménages, par exemple) ou par création monétaire de la part du système bancaire.

Section 3. La représentation du circuit économique

La représentation du circuit économique indique les relations entre les agents économiques. Une lecture attentive permet de percevoir en particulier que les coûts des uns constituent les recettes des autres. Il en résulte que l'étude d'une action économique qui ne prendrait pas en compte la totalité de ces interdépendances risquerait de conduire à une représentation incomplète de la réalité et à des prévisions erronées.

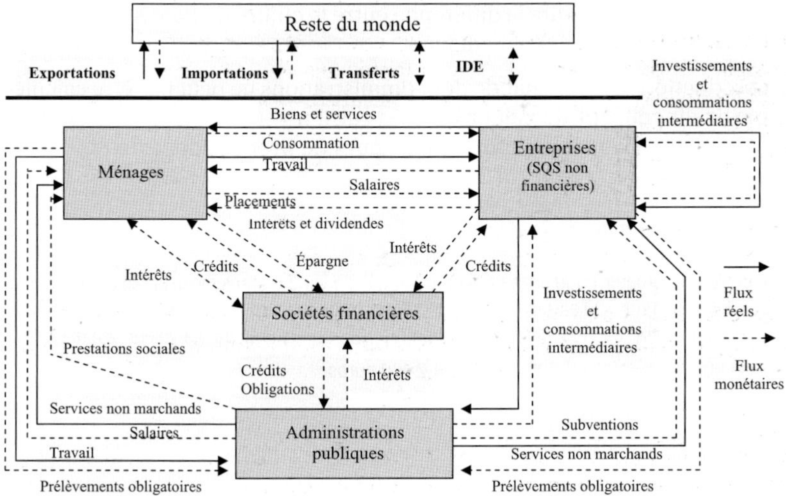

IDE : investissements directs à l'étranger.

Source : d'après Stany Grelet et Olivia Montel-Dumont, *in* « Découverte de l'économie », *Cahiers français*, n° 345, juillet-août 2008.

Retenir l'essentiel

Saisir les conséquences d'un phénomène économique particulier implique de prendre en compte toutes les interactions possibles au sein du circuit économique car les coûts ou les dépenses des uns représentent les revenus des autres.

Fiche 2
Les comptes de la nation

Section 1. Les agrégats de production

1. La mesure de la production

La production marchande est mesurée par la *valeur ajoutée* des activités marchandes, c'est-à-dire la différence entre le chiffre d'affaires et la somme des consommations intermédiaires.

La production non marchande des administrations ne peut pas être calculée à partir du concept de valeur ajoutée car il n'y a pas de prix de marché. Elle est donc évaluée au coût des facteurs de production.

Le calcul de la valeur ajoutée

Une entreprise produit 1 000 unités d'un produit qu'elle vend 5 euros pièce sur le marché. Pour cela, elle consomme 100 euros d'énergie, 1 000 euros de matières premières et 1 500 euros de produits semi-finis. La production de cette entreprise est mesurée par sa valeur ajoutée, soit :

VA = (1 000 x 5) – (100 + 1 000 + 1 500) = 2 400 euros.

2. Le produit intérieur brut

a) Le PIB

Le produit intérieur brut (PIB) mesure la richesse créée par les agents économiques sur un territoire, pour une période donnée. On peut le calculer de différentes manières.

À partir de la production

PIB = somme des VA + TVA + droits de douane – subventions

À partir de l'utilisation des biens et services

Soient C la consommation finale, I la formation brute de capital fixe (ou investissement), G les dépenses publiques courantes, ΔST la variation des stocks, X les exportations et M les importations. Il y a égalité entre les ressources et les emplois [1].

$PIB + M = C + I + G + \Delta ST + X$

Le produit intérieur brut et ses composants à prix courants
(en milliards d'euros)

	1980	1990	2000	2010	2011	2012	2013	2014
PIB	444,7	1 032,8	1 439,6	1 937,3	1 996,6	2086,9	2 116,6	2032,3
Consommation finale des ménages	245,5	578,9	782,2	1 082,4	1 106,9	1 119,6	1 132,7	1 139,0
Consommation finale des administrations publiques	95,1	224,5	329,9	476,2	486,1	497,6	508,0	515,9
FBCF	98,3	213,1	272,0	441,1	461,6	469,1	467,9	462,5
Exportations	95,2	221,9	414,8	520,5	572,6	595,2	603,2	611,8
Importations	102,2	231,0	400,5	558,1	625,3	640,2	642,6	651,1

Source : « Les chiffres 2016 », *Alternatives économiques*, hors-série n° 106, octobre 2015.

1. Cela implique que l'égalité qui suit est une identité comptable toujours vraie. On l'appelle l'« identité fondamentale de la comptabilité nationale ».

À partir des revenus

PIB = rémunérations des salariés + impôts sur la production et les importations – subventions + excédents d'exploitation

b) PIB nominal et PIB réel

Le *PIB nominal* est exprimé en fonction des prix de la période considérée. Il ne prend pas en compte l'inflation.

Pour pouvoir comparer le PIB d'une année à l'autre, il faut tenir compte de l'inflation. C'est pourquoi on calcule le *PIB réel* en l'exprimant selon le niveau des prix d'une année de référence (année de base).

■ *Exemple*

En 2007, le PIB nominal en France s'élevait à 1 886,8 milliards d'euros. En 2015, il était de 2 181,1 milliards. Mais, entre-temps, les prix ont augmenté de 11,95 %. Le niveau général des prix a donc été multiplié par 1,1195 entre les deux périodes.
Le PIB réel en 2015, exprimé en fonction des prix de 2007, est donc égal à 2 181,1/1,1195 = 1 948,28 milliards d'euros. Le choix d'une autre année de base conduirait bien sûr à un PIB réel différent.

c) Le PIB par habitant ou la prise en compte de la taille de la population

Les valeurs du PIB de deux pays de tailles très différentes ne permettent pas de comparer le niveau de vie moyen de leur population. Il est préférable d'avoir recours au PIB par habitant, c'est-à-dire de diviser le PIB par la population totale[2].

d) La parité des pouvoirs d'achat ou la prise en compte des taux de change

Il est impossible de comparer les PIB de deux pays s'ils sont exprimés en monnaie nationale. Il faut tenir compte des taux de change. Cependant, ces derniers sont très fluctuants et, surtout, ils reflètent rarement le pouvoir d'achat des monnaies : un euro en France n'a pas le même pouvoir d'achat

2. On peut également utiliser le revenu national par habitant.

qu'un euro dépensé en Chine. Il faut donc convertir les PIB en tenant compte du taux de change de *parité de pouvoir d'achat (PPA)*, c'est-à-dire du taux de change qui permet d'acheter la même quantité de biens dans les deux pays avec une certaine quantité de monnaie.

Comparaison des PIB (en milliards de dollars) **et des PIB par habitant** (dollars en PPA), **en 2014**

	France	Zone euro	États-Unis	Afrique subsaharienne	Amérique latine	Asie du Sud	Asie de l'Est et Pacifique
PIB	2829,2	13402,7	17419,0	1728,3	6298,4	2607,9	12571,3
PIB/hab.	38847,5	38693,8	54629,5	3568,6	15533,8	5312,8	11879,6

Source : Banque mondiale, *World Development Indicators*, 2015 *(http://databank.worldbank.org)*.

Section 2. Les agrégats de revenus

1. Le revenu national brut

Les revenus issus du PIB en France ne sont pas tous dépensés dans le pays. En revanche, des revenus distribués à l'étranger sont transférés en France. C'est pourquoi on calcule le revenu national brut.

Revenu national brut = PIB + (transferts des Français résidant à l'étranger – transferts des étrangers résidant en France)

2. Le partage de la valeur ajoutée

La répartition de la valeur ajoutée

Valeur ajoutée

Salariés
Masse salariale

Entreprises
Excédent brut d'exploitation

- Intérêts
- dividendes
- impôts directs
- épargne brute

État
Impôts liés à la production et à l'importation

3. Du revenu primaire au revenu disponible des ménages

Le revenu disponible des ménages

Le revenu disponible d'un ménage comprend les revenus d'activité, ceux du patrimoine, les transferts en provenance d'autres ménages et les prestations sociales (y compris les pensions de retraite et les indemnités de chômage), nets des impôts directs. Quatre impôts directs sont généralement pris en compte : l'impôt sur le revenu, la taxe d'habitation, la contribution sociale généralisée (CSG) et la contribution au remboursement de la dette sociale (CRDS).

Source : INSEE *(http://www.insee.fr/fr/methodes)*.

Du revenu primaire au revenu disponible des ménages
(en % du revenu primaire)

	1960	1980	1990	2000	2012 (r)	2013 (r)	2014
Revenu primaire brut (en milliards d'euros)	**33,7**	**339,0**	**751,6**	**1 062,2**	**1 507,0**	**1 526,7**	**1 544,9**
Revenu primaire brut	**100,0**	**100,0**	**100,0**	**100,0**	**100,0**	**100,0**	**100,0**
Excédent brut d'exploitation et revenu mixte	32,6	20,6	20,2	20,3	19,2	19,1	18,9
Rémunération des salariés	62,5	73,9	71,6	71,4	73,5	73,5	73,9
Revenus du patrimoine	4,9	5,5	8,2	8,3	7,3	7,4	7,2
– Transferts nets de redistribution	**– 5,4**	**– 11,6**	**– 11,8**	**– 13,7**	**– 12,5**	**– 13,0**	**– 13,1**
Prestations sociales reçues	15,7	22,3	25,2	25,9	29,5	30,0	30,3
Cotisations sociales versées	– 16,9	– 27,5	– 30,4	– 27,2	– 28,8	– 29,2	– 29,6
Impôts sur le revenu et le patrimoine	– 4,5	– 6,9	– 7,5	– 12,4	– 13,2	– 13,6	– 13,6
Autres transferts courants	0,3	0,5	0,9	0,1	0,0	– 0,2	– 0,2
= Revenu disponible brut	**94,6**	**88,4**	**88,2**	**86,3**	**87,5**	**87,0**	**86,9**
Revenu disponible brut (en milliards d'euros)	**31,9**	**299,7**	**662,9**	**917,0**	**1 318,3**	**1 327,6**	**1 342,3**

(r) Données révisées.
Champ : France, y compris entreprises individuelles.

Source : INSEE, comptes nationaux annuels – base 2010.

Section 3. La mesure de la croissance économique

1. Les taux de croissance du PIB et du PIB réel

La croissance économique est mesurée à partir du taux de croissance du PIB. Si l'on veut gommer les effets de l'inflation sur la croissance économique, il faut calculer le taux de croissance à partir des PIB réels.

■ *Exemple*

Le PIB 2007 en France s'élevait à 1 886,8 milliards d'euros, et le PIB 2015 aux prix de 2007 à 1 948,28 milliards.

Taux de croissance du PIB entre 2007 et 2015 = $[(PIB_{2015} - PIB_{2007}) / PIB_{2007}] \times 100$.

Taux de croissance = [(1 886,8 – 1 948,28) / 1 886,8] x 100 = 3,25 %.

2. Les contributions à la croissance à court terme

À court terme, le potentiel de croissance de l'économie (la croissance potentielle) est donné ; il dépend des capacités de production installées. Cependant, le taux de croissance effectif à court terme dépend du niveau de la demande globale.

Le tableau page 20 présente les contributions à la croissance des différentes composantes de la demande globale. En 2014, la croissance de l'économie française est faible (0,2 %). La consommation des ménages et les variations de stocks augmentent, apportant une contribution positive (respectivement 0,7 % et 0,2 %). En revanche, le recul de l'investissement s'accentue. Les importations progressent à un rythme plus soutenu que les exportations, de sorte que les échanges extérieurs contribuent négativement à la croissance.

Croissance annuelle du PIB (en %) **et contributions à la croissance** (en points du PIB) **de 2007 à 2014**

	2007	2008	2009	2010	2011	2012	2013	2014
Dépenses de consommation finale	**1,8**	**0,5**	**0,7**	**1,3**	**0,5**	**0,3**	**0,6**	**0,7**
Ménages	1,3	0,2	0,0	0,9	0,2	– 0,1	0,2	0,3
Administrations publiques	0,4	0,3	0,5	0,3	0,2	0,4	0,4	0,4
Formation brute de capital fixe	**1,2**	**0,2**	**– 2,1**	**0,5**	**0,5**	**0,1**	**– 0,1**	**– 0,3**
Solde extérieur des biens et services	**– 0,8**	**– 0,3**	**– 0,3**	**– 0,1**	**0,0**	**0,5**	**0,0**	**– 0,5**
Exportations	0,8	0,1	– 3,1	2,2	1,8	0,7	0,5	0,7
Importations	– 1,6	– 0,4	2,7	– 2,3	– 1,8	– 0,2	– 0,5	– 1,2
Variation de stocks	**0,2**	**– 0,2**	**– 1,1**	**0,3**	**1,1**	**– 0,6**	**0,2**	**0,2**
Produit intérieur brut	**2,4**	**0,2**	**– 2,9**	**2,0**	**2,1**	**0,2**	**0,7**	**0,2**

Champ : France.

Source : INSEE, comptes nationaux annuels – base 2010.

Débat

Les limites de la comptabilité nationale

La comptabilité nationale enregistre des grandeurs disparates en passant par leurs valeurs monétaires et en adoptant des définitions arbitraires, impuissantes à rendre compte précisément de certains phénomènes. La « production marchande » ignore les productions domestiques ; une production identique sera évaluée différemment selon la répartition des activités entre le public et le privé, compte tenu de la différence de méthode d'enregistrement : valeur ajoutée pour le privé, coût de production pour les administrations. L'investissement a longtemps été sous-estimé du fait de l'enregistrement en consommations intermédiaires des achats de logiciels ou des dépenses de formation. Par ailleurs, l'absence de prise en compte des externalités surestime la production quand elles sont négatives (exemple : la pollution) ou la sous-estime lorsqu'elles sont positives. À ces problèmes de définition s'ajoutent ceux relatifs à la récolte des informations, très incomplètes et pas toujours cohérentes dès lors qu'elles reposent sur les déclarations des agents. Les valeurs monétaires ne permettent pas non plus de rendre compte des aspects qualitatifs comme l'amélioration de la qualité ou la modification des techniques de production, alors que les mouvements des prix suffisent à eux seuls à modifier la production en valeur, même si les quantités produites n'ont pas augmenté.

Retenir l'essentiel

La production sur un territoire, pour une période donnée, est mesurée par le produit intérieur brut. Tous les revenus sont issus du partage de la valeur ajoutée. La décomposition de la demande globale permet de mettre en évidence les ressorts de la croissance économique à court terme. La consommation des ménages constitue la principale composante de la demande globale.

CHAPITRE 2
Les marchés

Un marché est un mode de coordination entre l'offre et la demande d'un bien ou d'un service. Les mécanismes de marché indiquent aux entreprises comment orienter leur production (en volume et en qualité) ainsi que le prix qu'elles peuvent pratiquer pour maximiser leur profit.

En général, le marché est un « lieu » virtuel. Les acheteurs et les vendeurs sont disséminés dans l'espace. Certains marchés « organisés » peuvent cependant se tenir en un lieu déterminé (exemples : les marchés de gros des fruits et légumes, certaines ventes aux enchères, les Bourses autrefois). Toutefois, les nouvelles technologies permettent de plus en plus de centraliser les offres et les achats à distance et de connecter les agents du monde entier en temps réel.

Les modes de coordination varient selon la nature des marchés ; la théorie économique a pour objet de rendre compte de cette diversité. Les marchés se différencient selon les pouvoirs dont disposent les acteurs d'influencer le fonctionnement du marché à leur avantage.

Nous commencerons par l'étude de deux formes extrêmes de marché du point de vue du degré de concurrence entre les entreprises : la concurrence pure et parfaite et le monopole (fiche 1). La majorité des marchés se situent entre ces formes canoniques ; ce sont des marchés de concurrence imparfaite (fiche 2)[1].

1. L'analyse des défaillances du marché est présentée au chapitre 6 (partie 2).

Fiche 1
La concurrence pure et parfaite et le monopole

Section 1. La concurrence pure et parfaite

1. Les hypothèses

Un marché de concurrence pure et parfaite (CPP) est un marché qui répond aux conditions suivantes :
– *l'atomicité du marché* : aucun agent ne dispose de suffisamment de pouvoir pour influencer le fonctionnement du marché à son avantage. Le prix s'impose aux agents. On dit qu'ils sont « preneurs de prix » (ou « *price takers* »). Concrètement, cela implique un nombre d'agents suffisant pour faire jouer la concurrence ;
– *l'homogénéité* : les produits présentent des caractéristiques semblables, de telle sorte qu'il est facile d'en substituer un à un autre. Seul le prix permet de les différencier ;
– *la transparence de l'information* : toutes les informations stratégiques sur le marché sont disponibles sans coût (prix, quantités, qualité des biens et services échangés, stratégies des agents…) ;
– *la parfaite mobilité des biens et services et des facteurs de production* : les consommateurs peuvent bénéficier des marchés les plus larges possibles pour faire jouer la concurrence. Les entreprises ont la possibilité de déplacer leur capital sans coût rédhibitoire d'une activité à une autre, en fonction des différences de rendement. Elles peuvent adapter le volume de travail selon les besoins de leur activité. Les salariés sont mobiles géographiquement et professionnellement ;
– *la libre entrée sur le marché* : les entreprises présentes sur le marché ne peuvent pas empêcher l'entrée sur celui-ci d'un nouveau concurrent. Il n'existe donc pas de « barrière à l'entrée sur le marché » du fait de la réglementation, des conséquences des stratégies des entreprises déjà présentes ou des coûts d'entrée sur le marché (coûts fixes).

Ces conditions sont évidemment très restrictives, de sorte que la CPP apparaît comme un modèle irréaliste. Pourtant, ce modèle théorique joue un rôle très important dans l'analyse économique. Il permet d'étudier l'influence d'une variable « toutes choses égales par ailleurs ». De plus, il est doté de propriétés particulières qui en font un modèle de référence pour les économistes libéraux. Selon eux, les situations de crise persistantes peuvent être analysées comme les conséquences d'écarts par rapport à la concurrence pure et parfaite. Enfin, soulignons que ce modèle devient plus réaliste à long terme car on peut éventuellement considérer que tout « se passe comme si » les conditions de la CPP étaient vérifiées.

2. La loi de l'offre et de la demande en CPP

Le prix du marché et les quantités échangées résultent de la confrontation de l'offre et de la demande.

a) La demande en fonction du prix

On considère que les goûts des consommateurs sont donnés. Ils cherchent à maximiser l'utilité de leurs choix compte tenu de leur budget. Pour la grande majorité des biens, on estime que la demande sur le marché est décroissante par rapport au prix. Cela s'explique par la conjonction de deux effets :
– *l'effet revenu* : l'augmentation du prix d'un bien « toutes choses égales par ailleurs » diminue le pouvoir d'achat des consommateurs. Ils réduisent leur consommation des différents biens ;
– *l'effet substitution* : la hausse du prix d'un bien « toutes choses égales par ailleurs » rend plus attractifs les biens qui lui sont substituables.

La courbe d'offre est le résultat de l'agrégation des demandes individuelles.

Courbe de la demande par rapport au prix

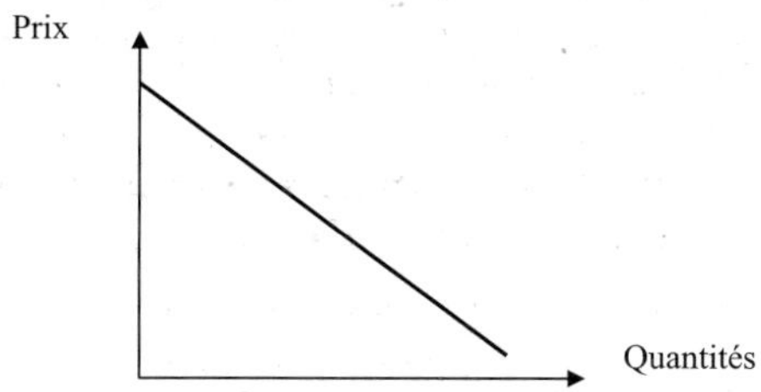

b) L'offre en fonction du prix

Les entreprises cherchent à maximiser leur profit compte tenu de leurs coûts de production et du prix sur le marché.

Une règle universelle de maximisation du profit

Soit une entreprise qui produit une certaine quantité de bien et qui réalise un profit pour ce niveau de production. La question importante est : a-t-elle intérêt à augmenter son niveau de production ? La réponse est *oui* si cela lui rapporte plus que ce que cela lui coûte. Il faut donc que la recette marginale (Rm), c'est-à-dire l'accroissement de la recette, soit supérieure au coût marginal (Cm), qui représente l'augmentation du coût total. L'entreprise a donc intérêt à produire jusqu'à ce que sa recette marginale soit égale à son coût marginal.

La traduction en concurrence pure et parfaite (CPP)

L'entreprise est « preneuse de prix »[2] donc, quel que soit son niveau de production, le prix auquel elle pourra écouler sa production est celui du marché. Par conséquent, la recette marginale consécutive à l'augmentation d'une unité de la production est égale au prix. Le niveau de production qui maximise le profit en CPP est tel qu'il y a égalité entre le coût marginal et le prix du marché (niveau Q1 sur le graphique ci-contre).

Rendements factoriels et coût marginal

À court terme, si on double le volume de facteur travail (le volume de capital étant fixe), on n'enregistrera pas nécessairement un doublement de la production car les rendements des facteurs sont *non proportionnels*. Ils peuvent être *croissants* dans un premier temps (division plus poussée des tâches et effets d'apprentissage). Cependant, il arrive toujours un moment où ils deviennent *décroissants* (le volume de capital technique étant limité à court terme, l'augmentation du volume de travail provoque une hausse de plus en plus faible de la production).

Lorsque les prix des facteurs de production sont fixés, la courbe de coût marginal est donc décroissante puis croissante.

---

2. Voir les hypothèses de la concurrence pure et parfaite, au tout début de cette fiche.

L'égalisation du prix et du coût marginal et la courbe d'offre

Courbe d'offre par rapport au prix et coût marginal

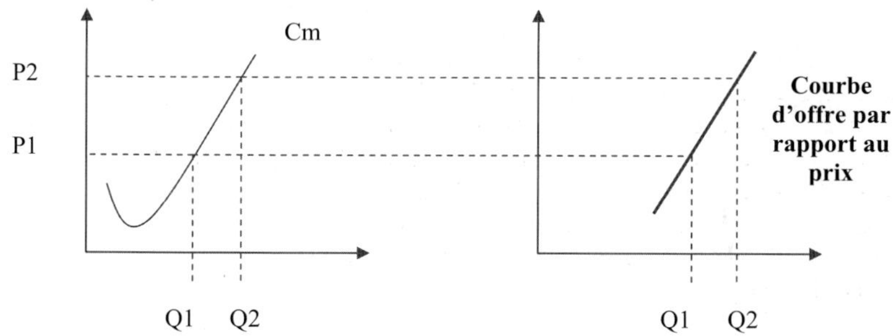

Pour un prix du marché égal à P1, le niveau de production tel que le coût marginal équivaut à P1 est Q1. Pour P2, il s'agit de Q2. La fonction d'offre est donc représentée par le graphique de droite.

Une limite pour le prix : le coût moyen

La recette totale doit couvrir le coût de production. Cela implique que ce que rapporte en moyenne une unité de produit, c'est-à-dire la recette moyenne ou le prix, doit être supérieur à ce qu'elle coûte en moyenne, donc au coût moyen.

c) L'équilibre sur le marché

Le prix d'équilibre

L'équilibre sur le marché est atteint lorsqu'il y a égalité entre l'offre et la demande.

Sur le schéma page 28, il y a un prix unique P* pour lequel l'offre est égale à la demande.

La régulation des déséquilibres

Au prix P1, l'offre est supérieure à la demande (O1 > D1). Une diminution du prix provoque une baisse de l'offre et une augmentation de la demande.

Au prix P2, la demande est supérieure à l'offre (D2 > O2). Une hausse du prix provoque une augmentation de l'offre et une diminution de la demande.

En présence de déséquilibres, la flexibilité du prix du marché permet de restaurer l'équilibre entre l'offre et la demande. Cette flexibilité est assurée par les mécanismes concurrentiels dès lors que les conditions de la CPP sont respectées.

L'équilibre du marché

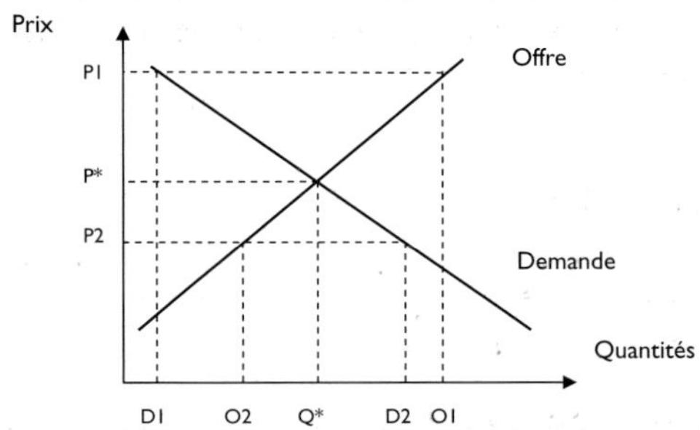

3. Les propriétés de la concurrence pure et parfaite

Les mécanismes de marché sont censés conduire à une allocation optimale des ressources rares. Les prix augmentent dans les activités où la demande n'est pas couverte et ils diminuent dans celles où l'offre est en excès. Cela permet d'orienter les entreprises en matière d'investissement.

La hausse des prix dans une activité attire de nouvelles entreprises. L'augmentation de l'offre produit alors une baisse du prix sur le marché. À long terme, on peut s'attendre à ce que le prix descende jusqu'au minimum du coût moyen (en dessous, les entreprises ne sont plus rentables), c'est-à-dire au prix le plus faible auquel peuvent prétendre les consommateurs.

Dans ces conditions, les producteurs les moins adaptés ont tendance à disparaître. La concurrence pure et parfaite peut également être vue comme un processus de sélection qui incite les producteurs à être les plus efficaces possibles.

Les économistes néoclassiques montrent que l'équilibre de concurrence pure et parfaite est un *optimum de Pareto*, c'est-à-dire une situation dans laquelle il est impossible d'améliorer le bien-être d'un agent sans détériorer celui d'un autre.

Sur un marché de concurrence pure et parfaite, les ressources rares sont donc utilisées de façon optimale et un mécanisme de régulation automatique corrige les déséquilibres. On comprend l'attrait de ce modèle pour les économistes libéraux, qui cherchent à démontrer la supériorité d'une économie de marché sans intervention de l'État.

Section 2. Le monopole

1. Le fonctionnement du marché

a) Définition

Le monopole est une configuration dans laquelle il n'existe qu'une entreprise sur un marché. Il faut également qu'il n'y ait pas de substitut parfait au produit offert par l'entreprise.

b) Recette marginale et recette moyenne

L'entreprise est seule sur le marché, de sorte que sa courbe d'offre est celle du marché. L'hypothèse d'atomicité de ce dernier n'est plus respectée. Le monopoleur influence le prix du marché. Il n'est plus preneur de prix (on dit qu'il est *« price maker »*, c'est-à-dire fixeur de prix). Cependant, sa marge de manœuvre n'est pas totale car la demande reste décroissante par rapport au prix.

S'il réduit son offre, le prix (ou recette moyenne) du marché augmente. À l'inverse, s'il accroît son offre, le prix baisse.

La courbe de recette moyenne (RM) est donc décroissante lorsque le niveau de production augmente.

Si le prix diminue à chaque fois que le monopole accroît sa production, il s'ensuit que sa recette marginale est également décroissante et inférieure à la recette moyenne.

■ *Exemple*

Le tableau suivant donne les évolutions du prix (P) sur le marché en fonction des quantités (Q) mises en vente par le monopole. Nous en déduisons la recette totale (RT) et la recette marginale (Rm).

Q	P = RM	RT	Rm
10	5	50	
11	4,9	11 x 4,9 = 53,9	53,9 – 50 = 3,9
12	4,6	12 x 4,6 = 55,2	55,2 – 53,9 = 1,3
13	4,3	13 x 4,3 = 55,9	55,9 – 55,2 = 0,7

c) L'équilibre du marché

Le monopoleur adopte le niveau de production correspondant à l'égalité entre la recette marginale et le coût marginal. Le prix pratiqué correspond à la recette moyenne pour ce niveau de production.

L'équilibre du marché en monopole

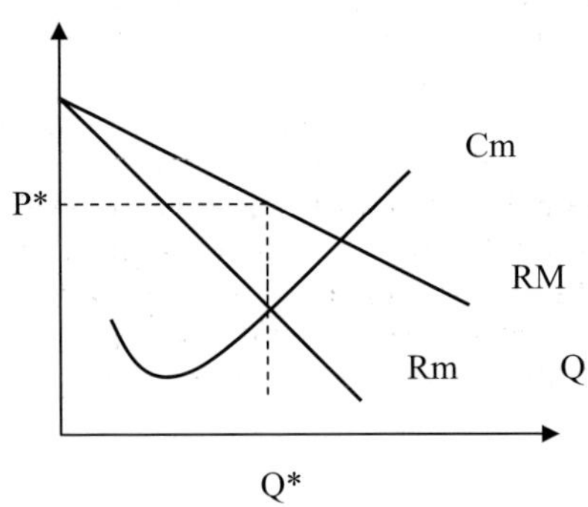

2. Les explications de l'existence des monopoles

a) Le monopole naturel

La situation de monopole naturel fait appel aux *économies d'échelle*. Une entreprise réalise des économies d'échelle lorsque son coût moyen[3] diminue au fur et à mesure que sa production augmente.

Les sources des économies d'échelle sont multiples. L'origine principale réside dans l'importance des coûts fixes. Lorsqu'ils sont élevés, il faut atteindre un niveau de production suffisamment important avant de pouvoir les rentabiliser. Dans certains cas, la taille du marché ne permet pas, face à l'ampleur des coûts fixes, le fonctionnement rentable de deux entreprises.

Même lorsque le marché est viable pour d'autres entreprises, la situation de monopole en présence de coûts fixes découle du fait que l'entreprise qui est entrée la première sur le marché dispose toujours d'un avantage de coût moyen sur les nouveaux entrants. Il lui suffit de fixer un prix suffisamment faible pour que ces derniers ne rentabilisent pas leurs coûts afin de constituer une « *barrière à l'entrée* ». C'est ce que l'on appelle la « stratégie du prix limite ».

b) Le monopole d'innovation

Lorsqu'une entreprise introduit une innovation suffisamment importante, elle peut être, pendant une certaine période, la seule firme à offrir ce produit sur le marché. Cependant, cette situation est le plus souvent temporaire car les concurrents sont amenés à innover à leur tour.

c) Les effets de réseau

Certains produits s'imposent comme des standards sur le marché. Il est alors difficile pour les consommateurs d'opter pour un autre produit, au risque de se marginaliser. Par la suite, la valeur intrinsèque du produit augmente avec le nombre d'utilisateurs. C'est le cas notamment dans le domaine des nouvelles technologies de l'information et de la communication (TIC).

---

3. C'est-à-dire le coût total divisé par les quantités produites. On l'appelle également coût unitaire.

d) Le monopole légal

Certaines entreprises sont protégées par un brevet ou une licence, d'autres par une exclusivité que leur accorde l'État[4].

3. Avantages et inconvénients des monopoles

a) Les inconvénients des monopoles

On constate que le prix du monopole est supérieur au coût marginal auquel conduit le marché de concurrence pure et parfaite. À long terme, le prix reste durablement supérieur au minimum du coût moyen. La différence entre le prix et le coût moyen représente la rente du monopole. Les quantités produites sont également plus faibles. Les monopoles sont donc accusés de profiter d'une rente abusive. Par ailleurs, la faiblesse de la pression concurrentielle ne les incite pas à réduire leurs coûts de production et à innover. L'extension du domaine d'influence des monopoles peut donc être une source de perte de compétitivité et de blocage de la croissance économique.

b) Les avantages des monopoles

L'école libérale autrichienne se distingue, entre autres, par une vision différente de la concurrence. Pour elle, celle-ci n'est pas tant une structure de marché qu'un processus de sélection permettant aux agents les plus efficaces de l'emporter sur les autres. Ainsi, pour Friedrich Hayek, la concentration et, en particulier, le monopole ne posent pas de problème s'ils résultent d'un libre fonctionnement du marché. Dans ce cas, c'est la solution économiquement la plus efficace qui l'emporte. Il n'est donc pas nécessaire de toucher à la structure de marché afin de faire émerger une solution dont le résultat est très improbable.

Joseph Schumpeter défend aussi les avantages de la concentration en général et du monopole. Il se réfère à la dynamique de l'investissement et

---

4. Ainsi, l'État a accordé à la Société d'exploitation industrielle des tabacs et des allumettes (SEITA), jusqu'en 1976, le monopole de la production et de la distribution du tabac et des allumettes en France.

de l'innovation. Ces opérations impliquent des coûts fixes importants. Elles ne seront acceptées que si l'entrepreneur anticipe une rentabilisation correcte de son investissement. Cela peut passer par des parts de marché très importantes, incompatibles avec les conceptions issues de la théorie de la concurrence pure et parfaite. Or l'innovation constitue, pour Schumpeter, le facteur essentiel de la dynamique des marchés et de la croissance économique à long terme. La lutte contre la concentration économique et les monopoles peut aboutir à une perte d'efficacité économique.

4. Concilier monopole et concurrence : les marchés contestables

Baumol, Panzar et Willig partent du constat qu'une entreprise en situation de monopole peut subir la pression d'une *concurrence potentielle* et consentir à des baisses de prix ou procéder à des innovations pour éviter d'être concurrencée par des entrants potentiels. Il suffit pour cela que l'entrée sur le marché soit libre, c'est-à-dire qu'il n'y ait pas de barrières à l'entrée.

Les conditions théoriques d'un marché parfaitement contestable sont cependant difficiles à réunir. Il faut que l'entrée et la sortie du marché soient totalement libres. Or cela implique qu'il n'y ait pas de coûts fixes prohibitifs et que la sortie du marché puisse se faire sans aucun coût irrécupérable (possibilité de revendre le capital sans perte, par exemple). Un marché totalement contestable n'est pas plus réaliste qu'un marché de concurrence pure et parfaite. Néanmoins, l'intuition qui s'en dégage permet de réconcilier concurrence et concentration. Dès lors que les entreprises dominantes sont sous la menace de l'entrée de concurrents potentiels, elles doivent faire des efforts afin de conserver leurs positions. La stimulation à la base des vertus de la concurrence est au rendez-vous.

Retenir l'essentiel

Les modèles de concurrence pure et parfaite et de monopole représentent les formes les plus extrêmes de marché. Ils permettent de mettre en évidence les vertus de la concurrence. En concurrence pure et parfaite, la loi de l'offre et de la demande garantit la résorption des déséquilibres entre l'offre et la demande ainsi qu'une utilisation optimale des ressources rares. Le prix du marché est le plus faible que peuvent espérer les consommateurs puisqu'il tend à long terme vers le minimum de coût moyen.

De ce point de vue, le monopole apparaît moins performant car le prix est durablement plus élevé et les quantités produites plus faibles. Les incitations à l'innovation semblent également moins fortes. Les conditions de la concurrence pure et parfaite sont cependant très restrictives. Par ailleurs, en présence de rendements croissants, le monopole paraît inévitable (monopole naturel). Il favorise aussi la prise de risques en garantissant plus facilement la rentabilisation des investissements. Enfin, le monopole est toujours sous la pression de la concurrence dès lors que les barrières à l'entrée sont limitées, de sorte que le résultat du fonctionnement du monopole peut être proche de celui d'un marché concurrentiel (théorie des marchés contestables).

Fiche 2
La concurrence imparfaite

Dans la réalité, la concurrence à laquelle sont soumises les firmes n'est jamais parfaite. Les sources d'imperfection de la concurrence sont multiples et ont donné lieu au développement de très nombreux modèles. Il est impossible de les passer en revue ici et nous nous contenterons des enseignements les plus généraux.

Section 1. Les oligopoles

1. Définition

Une première forme d'imperfection de la concurrence tient à la faiblesse du nombre de producteurs. L'hypothèse d'atomicité n'est plus assurée. Dès lors, chaque firme dispose d'un certain pouvoir de marché. Le fonctionnement du marché est donc étroitement influencé par les interactions stratégiques entre les firmes, et l'issue est plus incertaine qu'en CPP et en situation de monopole[5].

5. Le marché automobile est un bon exemple d'oligopole.

2. Une production plus faible qu'en CPP

En effet, chaque firme anticipe qu'une trop forte augmentation de sa production entraînera une baisse trop importante du prix (modèle de Cournot). Les profits des entreprises sont plus élevés qu'en CPP car le prix est supérieur au coût marginal. Cependant, la production est plus forte et le prix plus faible qu'en situation de monopole car la concurrence n'est pas totalement absente.

3. Une certaine stabilité des prix

Les oligopoleurs réagissent aux stratégies de leurs concurrents, notamment lorsque ceux-ci modifient leurs prix. Paul Sweezy introduit l'hypothèse selon laquelle les concurrents d'une entreprise sont supposés la suivre lorsqu'elle baisse ses prix (de peur de perdre des parts de marché) mais pas quand elle les augmente (dans l'espoir d'en gagner). Sweezy met alors en évidence des cas de figure dans lesquels l'entreprise a intérêt à ne pas modifier son prix de vente. Une hausse de celui-ci lui ferait perdre des parts de marché. Une baisse de son prix de vente peut engendrer une recette marginale inférieure au coût marginal. En d'autres termes, l'entreprise pourrait perdre de l'argent tout en vendant davantage. Il n'est donc pas toujours opportun de répercuter les baisses de coûts de production sur le prix de vente. La stabilité des prix est plus que probable dans de telles situations. Cette stabilité résulte de l'incertitude quant aux effets des différentes stratégies. Elle peut entraîner des déséquilibres persistants puisque les variations de prix n'interviennent plus pour réguler le marché.

4. Les possibilités de collusion entre les firmes

Sur un marché oligopolistique, l'entente *(collusion)* entre les firmes est fort probable. La faiblesse du nombre de firmes facilite les négociations et la prise de conscience que la concurrence est destructrice. La collusion prend des formes multiples qui combinent, à différents degrés, les ententes sur les prix et le partage du marché.

En théorie, la collusion n'est pas durable car un oligopoleur a tout intérêt, au cours des périodes suivantes, à ne pas respecter ses engagements et à en tirer tous les avantages. Il reste que les exemples de collusion sont fréquents et que l'intervention de la justice est souvent nécessaire pour y mettre fin[6]. Cela n'est pas toujours possible, les ententes pouvant être tacites : par exemple, une firme augmente ses prix car, durant les périodes précédentes, ses concurrents l'ont suivie quand elle l'a fait.

Section 2. La concurrence monopolistique

1. Les principaux résultats

Les modèles de concurrence monopolistique remettent en cause l'hypothèse d'homogénéité. Les entreprises peuvent différencier leur production. Cette stratégie est efficace parce qu'elle rencontre une demande de différence de la part des consommateurs (Kelvin Lancaster). Dès lors, les différents biens ne sont plus des substituts parfaits. Chaque entreprise est dans une situation de monopole relatif (Edward H. Chamberlin). La contrainte que représente le prix n'est plus aussi forte que dans une situation de concurrence parfaite, donc le prix est plus élevé. Cependant, cette facilité subsiste tant que la firme parvient à maintenir cette différenciation. Cela suppose des efforts constants pour entretenir et renouveler les sources de celle-ci face à des concurrents qui ne restent pas sans réaction.

2. Les sources de la différenciation

La différenciation peut se faire selon plusieurs axes. Elle peut être *objective* (caractéristiques techniques du produit, qualité, services après-vente) mais également *subjective* et résulter d'une démarche publicité-marketing.

3. Les conséquences en termes de stratégie pour les firmes

Lorsque la demande de différence sur un marché est forte, la stratégie de réduction des coûts de production est largement insuffisante; elle peut

6. Ce fut le cas, en France, dans les secteurs de la téléphonie mobile ou de la distribution de l'eau.

même devenir contre-productive si elle conduit à un rationnement des dépenses de communication, de publicité et d'adaptation technique du produit.

Section 3. L'information imparfaite

L'imperfection de l'information est source de dysfonctionnements des marchés. Il en ressort la nécessité, pour les agents, d'adopter des comportements plus sophistiqués ou atypiques par rapport aux enseignements de la théorie traditionnelle et, dans certains cas, des interventions de l'État.

1. Définitions

a) Information asymétrique

On est en situation d'information asymétrique lorsque certains agents sont mieux informés que d'autres sur la qualité des biens et services échangés et sur les comportements stratégiques de chacune des deux parties de la transaction (coopératifs ou, au contraire, opportunistes).

b) Relation d'agence (modèle principal agent)

C'est une relation dans laquelle une ou plusieurs personnes (le principal) engagent une ou plusieurs autres personnes (le ou les agents) pour réaliser une tâche ou un contrat. Les contrats sont incomplets du fait de la divergence d'intérêts entre le principal et l'agent et des asymétries d'information.

c) Sélection adverse et hasard moral

On parle de risque de *sélection adverse* (ou d'antisélection) lorsque les acheteurs ne connaissent pas la qualité des biens ou des services qu'ils acquièrent. Le prix n'est plus alors un bon signal de la qualité des produits et les acheteurs prennent le risque de se tromper dans leurs choix.

On parle de *risque moral* ou de *hasard moral* lorsque l'une des parties sur le marché n'observe pas les actions entreprises par l'autre partie et redoute qu'elle ne mette pas en œuvre les actions conformes à ses engagements [7].

2. La théorie du signal

Les asymétries d'information peuvent aboutir à un fonctionnement inefficace du marché. Un célèbre exemple étudié par George Akerlof illustre parfaitement cette question. Il envisage le marché des voitures d'occasion. Sur celui-ci, seul le vendeur connaît les caractéristiques des véhicules. Les acheteurs savent qu'une certaine proportion de voitures est de qualité médiocre. Dans ces conditions, ils refusent de payer une voiture d'occasion au-delà d'un certain prix (correspondant à la qualité moyenne des véhicules). Ce prix peut cependant dissuader les propriétaires de voitures de bonne qualité de vendre. Seules les mauvaises occasions risquent d'être présentées à la vente et le marché ne fonctionne pas de manière optimale.

Les vendeurs peuvent apporter une solution à ce problème en fournissant des garanties (prise en charge des réparations). La garantie fournit un signal qui suggère que le vendeur a confiance dans son produit puisqu'il accepte de supporter un coût en cas de défaillance de celui-ci.

3. La nécessité des réglementations

Les risques de « hasard moral » et de « sélection adverse » encourus dans la plupart des relations marchandes peuvent conduire, comme en témoigne l'exemple Akerlof, à une disparition du marché si la puissance publique n'apporte pas certaines garanties aux acheteurs et n'impose pas certaines obligations aux vendeurs. L'efficacité du marché suppose que les agents aient une confiance suffisante dans le fait que les contrats seront respectés et qu'à défaut, ils seront dédommagés. Le marché a besoin d'un environnement institutionnel pour fonctionner correctement.

---

7. Par exemple, lorsque le sous-traitant ne fait pas les efforts promis en termes de qualité, de prix ou de délais de livraison.

4. Signer des contrats incitatifs

Il est possible de réduire les risques d'aléa moral et de sélection adverse en élaborant des contrats qui incitent les agents à révéler leurs véritables caractéristiques et à respecter leurs engagements (c'est le cas des assurances). Ces contrats reposent sur le fait que l'agent qui ne respecte pas le contrat subit une perte ou un coût d'opportunité plus élevé que ce qu'il gagne à ne pas respecter ses engagements.

5. Le rôle des conventions

Les économistes de l'École des conventions (Favereau, Salais, Eymard-Duvernay) reprennent à leur compte la distinction entre risque et incertitude (Knight, Keynes). La situation de risque est, quant à elle, envisagée par les économistes orthodoxes : l'information est imparfaite mais les agents peuvent affecter à chaque scénario des probabilités d'occurrence. Le principe de maximisation est applicable et, avec lui, les agents ont effectivement la possibilité d'élaborer des contrats incitatifs. En situation d'incertitude radicale, cette possibilité n'existe plus. Il devient impossible d'élaborer de tels contrats. Pour autant, les économies de marché fonctionnent grâce aux conventions. Une convention désigne un *« système d'attentes sur les compétences et les comportements conçus comme allant de soi et qui permet de coordonner des intérêts contradictoires qui relèvent de logiques opposées mais qui ont besoin d'être ensemble pour être satisfaits »*[8]. Sur les marchés, les agents ont intérêt à respecter ces conventions, au risque de perdre une grande part de leur crédibilité et de leur réputation et de fragiliser leur position concurrentielle dans l'avenir. Les conventions ne permettent pas d'assurer l'optimalité de toute relation marchande mais seulement de garantir qu'elles seront en moyenne respectées, ce qui incite les acteurs à s'engager et à prendre des risques. À défaut, l'incertitude serait trop grande et les agents ne pourraient pas s'engager. En conséquence, l'opportunisme entre les agents est souvent moins fréquent que ne le supposent les économistes libéraux.

8. Robert Salais, « L'analyse économique des conventions du travail », in *Revue économique*, numéro spécial sur « L'économie des conventions », n° 2, mars 1989, vol. 40.

Recours au marché ou intégration verticale : la prise en compte des coûts de transaction

Une entreprise doit-elle passer par le marché pour acquérir les biens intermédiaires nécessaires à sa production ou les produire en interne (intégration verticale) ? Le recours au marché permet à l'entreprise de faire jouer la concurrence puis de profiter du savoir-faire de son fournisseur et des économies qu'il peut réaliser en produisant pour d'autres clients. Cependant, le recours au marché impose des coûts de transaction (recherche des partenaires, élaboration des contrats, surveillance…). En information imparfaite, l'entreprise peut craindre des comportements opportunistes qui rendent complexe la rédaction de contrats incitatifs. L'augmentation des coûts de transaction qui en résulte peut inciter l'entreprise à produire en interne.

6. La rigidité des prix sur les marchés

La rigidité des prix sur le marché, c'est-à-dire le fait qu'ils ne s'ajustent pas à la baisse et à la hausse pour permettre un retour à l'équilibre, est une évidence. Les économistes libéraux estiment que cette rigidité est irrationnelle. Les économistes néo-keynésiens (Mankiw, Stiglitz, Weiss) pensent en revanche qu'elle est la conséquence du comportement des agents en situation d'information imparfaite.

L'acquisition de l'information impose en effet aux agents un coût qui peut les dissuader d'approfondir leurs connaissances des marchés au-delà d'un certain seuil. Cela n'incite pas les entreprises à modifier leurs tarifs à court terme afin de restaurer leur compétitivité ou de gagner des parts de marché, surtout si cela occasionne des coûts (coûts d'impression et de diffusion des catalogues…).

La rigidité des prix peut aussi être un moyen de résoudre le problème de « hasard moral ». Le maintien des prix en période de ralentissement de l'activité est censé inciter les agents à faire des efforts pour prendre en compte les intérêts du principal car ils subissent un coût d'opportunité très élevé en cas de rupture de la relation (voir les théories du salaire d'efficience, dans les développements consacrés au marché du travail).

Retenir l'essentiel

La concurrence est le plus souvent imparfaite. Cela tient au nombre réduit de producteurs (oligopoles), à la capacité de différenciation des produits (concurrence monopolistique) et à l'imperfection de l'information sur les marchés. Dans ces conditions, le fonctionnement des mécanismes de marché n'est pas aussi efficace que dans le modèle de concurrence pure et parfaite (CPP). Il n'est pas optimal. Les prix sont plus élevés et les quantités produites plus faibles qu'en CPP. Cela s'explique en grande partie par la rigidité des prix sur ces marchés. La prise en compte de l'imperfection de l'information nous apprend par ailleurs que les firmes doivent faire des efforts pour échapper aux risques de sélection adverse et de hasard moral. Cela permet de justifier certaines pratiques commerciales (par exemple, le système des garanties) ainsi que la nécessité pour la force publique de réglementer le fonctionnement des marchés. Ces analyses montrent également que les firmes n'ont pas toujours intérêt à se conduire de manière opportuniste et qu'elles doivent répondre aux attentes de leurs partenaires et de leurs clients (conventions).

CHAPITRE 3

Les mécanismes monétaires et le financement de l'économie

Les transactions économiques ne sont pas réalisées sous forme de troc mais en monnaie. Il est essentiel de comprendre comment celle-ci est introduite dans le circuit économique et les fonctions qu'elle remplit, ce qui nous amène à décrire le fonctionnement du système bancaire et, en particulier, les relations entre les banques commerciales et la banque centrale (fiche 1).

La monnaie est introduite dans le circuit lors des opérations de crédit. Depuis longtemps, les théoriciens de l'économie s'interrogent sur les conséquences de ce mécanisme et sur les propriétés de la monnaie. Pour les économistes libéraux, la monnaie n'est qu'un « voile » et il faut surtout craindre l'abus de création monétaire, source d'inflation. Pour les économistes keynésiens, au contraire, il est possible d'accélérer la croissance économique grâce à une politique monétaire expansive. Nous aborderons ces débats dans la fiche 2.

La fiche 3 sera consacrée à la présentation du système de financement, c'est-à-dire au système qui permet aux agents à besoins de financement de trouver les liquidités qu'il leur faut auprès des agents à capacité de financement.

Fiche 1
La monnaie

Section 1. Les fonctions et les formes de la monnaie

1. Les fonctions économiques traditionnelles

a) La fonction d'intermédiaire des échanges

La monnaie doit permettre d'acquérir des biens et des services sur tout le territoire où elle a cours. Elle doit donc être dotée d'un pouvoir d'achat.

La monnaie permet de s'affranchir des contraintes de la *double coïncidence des besoins* du régime de troc. Si je possède une pomme et que je désire une poire, le système de troc implique que je trouve une personne qui, possédant une poire, désire une pomme. On comprend aisément que cela limite fortement les possibilités d'échange dans une économie et que cela bride sa croissance.

b) La fonction de réserve de valeur

Elle doit permettre de transférer du pouvoir d'achat dans le temps. Cette fonction est inséparable de celle d'intermédiaire des échanges puisque c'est uniquement parce que la monnaie permettra d'acquérir des biens dans le futur qu'elle est conservée.

L'inflation et la dégradation du taux de change affectent le pouvoir d'achat de la monnaie et, donc, altèrent sa fonction de réserve de valeur. Des anticipations pessimistes sur les évolutions de ces grandeurs peuvent conduire à des phénomènes de fuite devant la monnaie.

c) La fonction d'unité de compte

La monnaie permet de mesurer et de comparer la valeur de biens hétérogènes. Il est plus commode d'évaluer la valeur d'un bien par rapport à un étalon unique que de calculer les rapports d'échange (les prix relatifs) de ce bien par rapport à tous les autres biens et services.

Prix relatifs et prix absolus

Soient une économie comportant trois biens (A, B, C) et Pa, Pb et Pc leurs prix respectifs.

Les rapports Pa/Pb, Pa/Pc et Pb/Pc représentent les *prix relatifs*.

Pour passer aux *prix absolus*, il suffit de prendre un des biens comme numéraire, par exemple Pa = 1.

2. La fonction de cohésion sociale

Certains économistes, influencés par les travaux des anthropologues, estiment que les fonctions de la monnaie vont bien au-delà de celles qui lui sont reconnues dans les analyses traditionnelles[1]. La monnaie n'est plus considérée comme un bien identique aux autres, remplissant certaines fonctions économiques essentielles, mais comme un fondement de l'économie marchande ; elle est constitutive du social.

Elle n'apparaît pas nécessairement dans l'ordre marchand mais plutôt dans l'ordre politique, afin d'éviter les conflits lors de l'évaluation des contributions à l'impôt (rôle fondamental de la fonction d'unité de compte avant celui d'intermédiaire des échanges).

La monnaie est aussi un bien public

On peut parler de *dualité de la monnaie* : elle est un bien privé car elle est constitutive des patrimoines des agents ; et elle est également un bien public. La stabilité de la valeur de la monnaie profite à tout le monde. Cependant, chacun a intérêt à adopter un comportement qui peut nuire à la stabilité de la monnaie (excès d'endettement, par exemple). Seule une institution extérieure aux agents privés peut en garantir la stabilité. Cette fonction ne peut être abandonnée au seul marché. Aujourd'hui, on considère même que l'institution qui garantit la stabilité de la monnaie doit être indépendante du pouvoir politique.

3. Les formes de la monnaie

La monnaie se présente sous trois formes :
– *la monnaie divisionnaire* (les pièces), émise par le Trésor public ;

1. Michel Aglietta et André Orléan, *La violence de la monnaie*, PUF, 1982.

– *la monnaie fiduciaire* (les billets), émise par la Banque de France (sous le contrôle de la Banque centrale européenne) ;
– *la monnaie scripturale* (un chiffre inscrit sur un compte) : aujourd'hui, elle représente plus de 90 % de la masse monétaire. On parle de dématérialisation de la monnaie. Elle circule entre les agents grâce à des *moyens de paiement* (chèques, carte bancaire, virements, prélèvements... [2]). Elle peut être transformée en billets à la suite de retraits aux guichets ou aux distributeurs.

Section 2. La masse monétaire et ses mesures

1. Définition de la masse monétaire

La masse monétaire est l'ensemble des moyens de paiement (les actifs monétaires) mis à la disposition des agents économiques non bancaires.

Les actifs en monnaie scripturale sont inscrits au passif des banques sur les comptes.

2. Les agrégats monétaires

Les agrégats monétaires mesurent les moyens de paiement des agents non financiers et la partie de leurs placements financiers qui peut être convertie rapidement et sans coût en moyens de paiement. Ils sont censés refléter la capacité de dépense des agents non financiers.

Les agrégats classent les actifs monétaires par degré décroissant de liquidité.

Le classement des agrégats monétaires

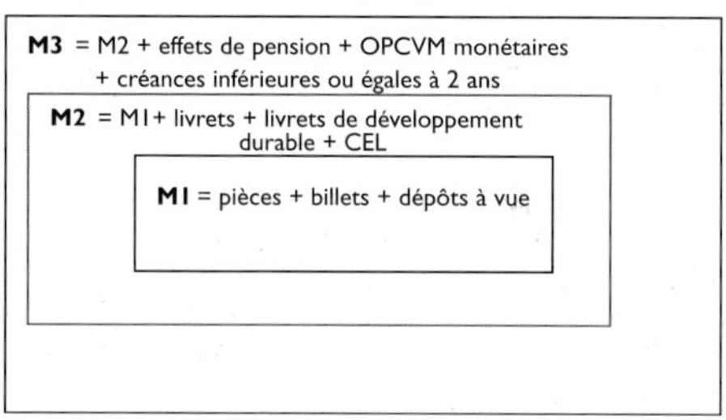

2. Ces moyens de paiement ne sont donc pas de la monnaie mais des véhicules de la monnaie.

M1 correspond à la monnaie au sens strict. Elle comprend donc les billets et les pièces détenus par les agents non financiers, ainsi que les dépôts à vue.

M2 englobe M1 et des placements disponibles à vue qui peuvent être mobilisés sans risque et sans coût en capital (quasi-monnaie) : livrets bancaires ordinaires, livrets A, livrets de développement durable (qui ont remplacé en 2007 les CODEVI), livrets d'épargne populaire, comptes épargne logement (CEL).

M3 permet d'intégrer à la monnaie les placements à terme et certains placements risqués qui peuvent être rapidement et facilement négociables sur les marchés : dépôts en devises, titres de créances négociables émis par les établissements de crédit, titres et parts d'organismes de placement collectif en valeurs mobilières (OPCVM) ...

Évolution des principaux indicateurs monétaires et financiers en France et dans la zone euro, 2010-2014 (taux de croissance en %)

	2011	2012 (r)	2013 (r)	2014
M1				
Zone euro (1)	2,0	6,4	5,7	7,9
France (contribution)	5,5	2,8	3,4	8,6
M2				
Zone euro (1)	1,9	4,5	2,5	3,7
France (contribution)	6,8	5,2	2,3	3,5
M3				
Zone euro (1)	1,6	3,5	1,0	3,7
France (contribution)	2,7	2,4	0,8	3,6
Crédits au secteur privé				
Zone euro (1) (2)	0,7	– 0,1	– 2,0	– 0,1
France (3)	3,1	2,5	0,7	2,6

(r) Données révisées.
(1) Données corrigées des effets saisonniers et calendaires.
(2) Crédits (y compris crédits titrisés) consentis par les institutions financières monétaires (IFM) résidant dans la zone euro hors IFM et hors administrations publiques.
(3) Crédits (y compris crédits titrisés) consentis par les institutions financières monétaires (IFM) résidant en France aux résidents français hors IFM et hors administrations publiques.

Sources : Banque de France et Banque centrale européenne.

La nécessité de prendre en compte des agrégats traduisant une vision très extensive de la monnaie s'explique par le fait que les différentes formes de détention des actifs financiers sont de plus en plus facilement substituables entre elles. Cela signifie que des placements dont les sommes ne peuvent servir à régler une transaction peuvent, rapidement et sans coût excessif, être transformés en monnaie (on parle de quasi-monnaie). La banque centrale doit les prendre en compte puisque sa mission est d'assurer la stabilité des prix et que celle-ci est liée à l'évolution de la masse monétaire [3].

Section 3. La création monétaire

1. La création de monnaie par la banque centrale

L'analyse du rôle de la banque centrale dans la création monétaire s'opère à partir de son bilan.

a) Le bilan simplifié d'une banque centrale

Actif	Passif
Or et devises	Billets en circulation
Titres financiers	Réserves des banques commerciales
Créances sur les établissements de crédit	Compte du Trésor public

Rappelons que l'actif d'un agent est ce qu'il possède et le passif correspond à la façon dont a été financée l'acquisition de l'actif.

Au passif se trouve la monnaie créée par la banque centrale (monnaie banque centrale) : les billets en circulation, les comptes des banques commerciales (ou banques de second rang) et le compte du Trésor.

À l'actif, on trouve les contreparties de cette monnaie créée par la banque centrale : l'or et les devises, des titres financiers (obligations, bons du

3. Nous reviendrons en détail sur cette question dans les chapitres consacrés à l'inflation et aux politiques économiques.

Trésor...) et les créances sur les établissements de crédit (il s'agit donc d'une dette pour ces derniers).

b) La création de monnaie banque centrale

La monnaie banque centrale est donc créée par émission de billets ou de manière scripturale, en créditant les comptes des banques commerciales ou du Trésor public lors de l'acquisition de devises, de titres monétaires et financiers et de prêts.

L'acquisition de devises

Lorsque des agents résidents bénéficient de rentrées de devises (par exemple, pour le règlement à une entreprise de ses exportations), ils en changent une partie auprès des banques. Celles-ci les revendent à la banque centrale, qui crédite le compte de la banque commerciale.

Le refinancement des banques commerciales

Les banques commerciales doivent constituer des réserves en monnaie banque centrale[4]. Elles peuvent s'en procurer auprès des banques concurrentes ou auprès de la banque centrale, sur le marché monétaire. La majorité des prêts sont réalisés contre la cession d'un actif financier. La banque centrale inscrit la somme au compte de la banque de second rang et incorpore les titres à son actif. Certains prêts peuvent être réalisés sans garantie ni collatéral (prêts en blanc). En contrepartie, la banque centrale inscrit à son actif une créance sur la banque.

Les avances au Trésor public

La banque centrale tient les comptes du Trésor public. Elle peut donc théoriquement lui faire des avances monétaires en créditant son compte[5]. C'est ce que fait la Banque centrale américaine lorsqu'elle achète des bons du Trésor américain. En France, cette pratique est interdite depuis 1973 ;

4. Nous reviendrons plus loin sur les raisons qui poussent les banques commerciales à constituer ces réserves.

5. C'est ce qui s'appelle le mécanisme de la « planche à billets ». L'expression est trompeuse puisqu'il s'agit de monnaie scripturale.

l'interdiction a été renforcée dans le cadre des traités européens[6]. Les États sont donc contraints de financer leurs déficits par des emprunts sur les marchés.

Les missions fondamentales de la Banque de France

La Banque de France participe à l'accomplissement des missions et au respect des objectifs assignés au Système européen des banques centrales (SEBC) par le traité. Chargée de l'exécution des opérations de politique monétaire, elle refinance les banques françaises en leur prêtant, contre garanties, les liquidités dont elles ont besoin. Il lui est interdit d'accorder tout type de crédit à toute entité publique non bancaire. Elle détient et gère les réserves de change de l'État en or et en devises. Elle assure également la gestion déléguée des réserves de change qu'elle a transférées à la Banque centrale européenne (BCE). Elle veille au bon fonctionnement et à la sécurité des systèmes de paiement et s'assure de la sécurité des moyens de paiement et, en coopération avec l'Autorité de contrôle prudentiel et/ou l'Autorité des marchés financiers, des systèmes de compensation, de règlement et de livraison des instruments financiers. Elle est seule habilitée, sur le territoire national, à émettre les billets en euros et assure l'entretien de la monnaie fiduciaire (pièces et billets). Elle établit la balance des paiements et la position extérieure de la France.

Source : Cour des comptes, « Rapport public annuel 2012 », février 2012 *(www.ccomptes.fr)*.

2. La création monétaire par les banques commerciales (ou banques de second rang)

L'exposé du mécanisme de création monétaire s'effectue également à l'aide du bilan des banques.

a) Le bilan simplifié d'une banque commerciale

Actif	Passif
Billets Réserves (compte à la banque centrale) Créances sur les clients	Comptes courants clients

6. Voir l'article 101 du traité instituant la Communauté économique européenne (traité CE), repris par l'article 123 du traité sur le fonctionnement de l'Union européenne (TFUE), issu de la signature du traité de Lisbonne en 2007.

Au passif, nous ne retiendrons ici que les comptes courants des clients. Les actifs en monnaie scripturale des agents non financiers correspondent donc à un passif pour les banques.

À l'actif, on trouve les billets que les banques possèdent en réserve afin de répondre aux demandes de leur clientèle, les réserves qu'elles détiennent sur leur compte à la banque centrale et, enfin, les créances sur l'économie en contrepartie des prêts consentis aux clients.

b) La création de monnaie par le crédit

La création monétaire consiste en la transformation de créances sur les agents non bancaires en moyens de paiement immédiatement mobilisables pour effectuer des paiements. Illustrons ce principe par un exemple.

■ *Exemple*

Monsieur X, client de la banque A, a besoin de 1 000 euros pour réaliser une transaction. Il ne dispose pas de cette somme et demande un crédit à la banque, qui le lui accorde.

Actif	Passif
Créance sur M. X : + 1 000 €	Compte courant de M. X : + 1 000 €

Une **créance** est transformée en **moyen de paiement**.

Il s'agit bien d'une création monétaire :
– l'actif monétaire de M. X augmente de 1 000 euros sans que l'actif monétaire d'un autre agent soit réduit ;
– le crédit n'est que l'émission d'une créance sur la banque, qui est ensuite acceptée comme moyen de paiement. Le crédit n'est pas accordé à partir de ressources accumulées en amont.

Le remboursement du crédit aboutit, à l'inverse, à une destruction de monnaie puisque l'avoir monétaire d'un agent diminue sans que l'actif monétaire d'un autre augmente. Dans notre exemple, imaginons que M. X rembourse 500 euros à la période suivante.

Actif	Passif
Créance sur M. X : + 1 000 € – 500 €	Compte courant de M. X : x € – 500 €

c) Les crédits font les dépôts

Les crédits accordés par une banque sont dépensés par ses clients. Les agents qui reçoivent ces liquidités les déposent sur leur compte bancaire. Les crédits octroyés par une banque alimentent donc des dépôts dans les autres banques.

Section 4. Les limites à la création monétaire

I. Les contraintes rencontrées par les banques de second rang

Les banques commerciales disposent d'un pouvoir exorbitant : celui de créer de la monnaie lors de leurs opérations de crédit. Si rien ne venait limiter ce pouvoir, la masse monétaire en circulation augmenterait sans doute de façon incompatible avec une bonne gestion de la monnaie. Il existe des limites à ce pouvoir de création monétaire.

a) Les contraintes de fonds propres

Les banques doivent respecter certains ratios entre les engagements à leur passif et leurs fonds propres (ratio Cooke, directives dites « des accords de Bâle »).

b) Les réserves obligatoires

Les banques commerciales doivent conserver une fraction de leurs encours de dépôts sur leur compte à la banque centrale. Plus elles accroissent les volumes de crédits, plus elles doivent se procurer de monnaie banque centrale (auprès de la banque centrale ou sur le marché monétaire) et supporter un coût de refinancement élevé.

c) Le mécanisme de compensation

Envisageons les relations entre une banque A et une banque B. Lorsque les clients de la banque A règlent en monnaie scripturale des clients de la banque B, celle-ci acquiert des créances sur la banque A. Symétriquement, la banque A possède des créances sur la banque B du fait des dépenses des clients de cette dernière auprès de ceux de la banque A. Le mécanisme de compensation permet d'effectuer un seul règlement. La banque qui possède le montant de créances le plus élevé reçoit de l'autre banque l'équivalent de la différence entre les deux créances. Le règlement s'effectue en monnaie banque centrale (par crédit et débit des comptes des banques à la banque centrale). Or, plus une banque accorde de crédits, plus elle risque d'être débitrice au mécanisme de compensation et plus elle devra posséder de monnaie banque centrale et supporter un coût de refinancement élevé.

Les crédits font les dépôts (voir plus haut) mais l'augmentation des crédits d'une banque accroît à terme ses besoins en monnaie banque centrale afin de faire face à la compensation. C'est pourquoi les banques cherchent à capter le plus de dépôts possible sous forme de dépôts externes (billets et chèques en provenance d'autres banques) et, donc, à augmenter leur part de marché.

d) Les fuites en billets

Les banques doivent posséder en réserve des billets afin de faire face à la demande de leurs clients.

Le schéma suivant résume la façon dont les besoins en monnaie banque centrale limitent les capacités des banques d'accorder des crédits.

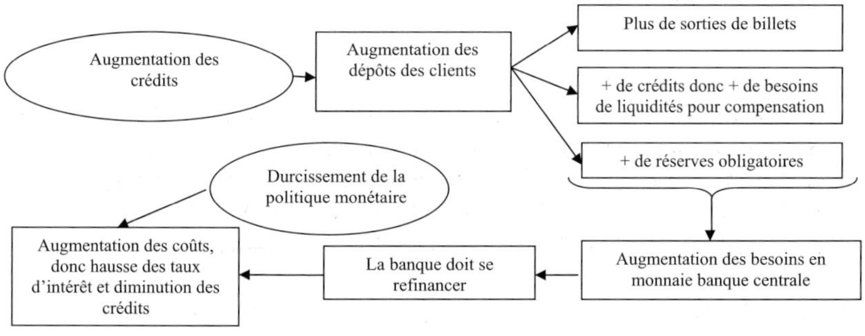

2) Multiplicateur ou diviseur de crédit

a) La théorie du multiplicateur de crédit

La création monétaire des banques commerciales dépend de leurs avoirs excédentaires en monnaie banque centrale par rapport à leurs besoins pour satisfaire aux réserves obligatoires, au mécanisme de compensation et à la fuite en billets. Le volume de crédit consenti par le système bancaire serait un multiple de la monnaie banque centrale (la base monétaire). Ce multiple est inversement proportionnel au taux de réserves obligatoires et à la préférence du public pour les billets.

En conclusion, plus le volume de monnaie banque centrale [7] est important, plus les crédits accordés par les banques le seront aussi. Plus le taux de réserves obligatoires est élevé, moins la création monétaire sera forte, pour une base monétaire identique.

b) La théorie du diviseur de crédit

La théorie du multiplicateur de crédit donne une interprétation du fonctionnement du système bancaire dans laquelle le contrôle de l'évolution du crédit par la banque centrale est très élevé. Elle serait en mesure de contrôler les variations de la masse monétaire grâce à l'évolution du volume de monnaie banque centrale et du coefficient de réserves obligatoires.

La théorie du diviseur de crédit établit une relation inverse (Vivien Lévy-Garboua). Les banques commerciales créent la monnaie nécessaire pour faire face aux demandes de crédit (afin de maximiser leurs profits). Elles recherchent ensuite, sur le marché monétaire ou directement auprès de la banque centrale, la monnaie banque centrale dont elles ont besoin pour faire face aux réserves obligatoires et au mécanisme de compensation. Les besoins de monnaie banque centrale sont *k* fois moindres que les crédits accordés (c'est pourquoi certains parlent plutôt de « diviseur de refinancement »). La thèse du diviseur de crédit décrit un fonctionnement dans lequel la banque centrale s'adapte au comportement des banques. Ne pas accorder aux banques commerciales la monnaie banque centrale dont elles ont besoin,

7. Appelée également base monétaire.

c'est prendre le risque de déclencher une crise de liquidité qui pourrait mettre en difficulté certaines banques et, par un effet domino, entraîner l'ensemble du système bancaire dans une crise grave. Les évolutions de la politique monétaire des principales banques centrales à la suite de la crise des «*subprimes*», survenue en 2007, illustrent parfaitement cette analyse.

Quels sont les arguments en faveur de l'indépendance des banques centrales ?

Une banque centrale indépendante est la configuration la plus fréquente, aujourd'hui, de l'organisation du pouvoir monétaire. Les arguments en faveur de l'indépendance des banques centrales sont développés par les économistes libéraux et principalement par les *«nouveaux classiques»* (Lucas, Sargent, Kydland, Prescott). Le gouvernement a toujours intérêt à annoncer en début de mandat qu'il fera tout pour combattre l'inflation, afin de rassurer les ménages et les marchés financiers. Cependant, au cours des périodes suivantes, le respect de cet engagement peut nécessiter des politiques rigoureuses qui, à court terme du moins, ralentissent la croissance économique, augmentent le chômage et rendent le partage de la valeur ajoutée plus conflictuel. Dans ces conditions, le gouvernement est fortement tenté de renier sa promesse et de mener une politique économique plus laxiste – notamment la politique monétaire – qui, à court terme, n'affecte pas le déficit public et permet d'échapper aux contraintes de la loi de finances. En conséquence, l'inflation s'accélère. Les ménages rationnels finissent par anticiper ce reniement et intègrent la persistance de l'inflation. Ils adoptent rationnellement des comportements qui peuvent se révéler inflationnistes (exigences de hausses de salaires, consommation anticipée...). Dans ce contexte, toute lutte contre l'inflation est impossible car elle ne serait pas crédible. Selon les économistes libéraux, il faut confier la conduite de la politique monétaire à une institution indépendante du gouvernement et lui assigner comme objectif impératif la stabilité des prix.

Retenir l'essentiel

La monnaie est introduite dans le circuit économique lors des opérations de crédit réalisées par les banques commerciales. À l'inverse, les remboursements de crédit détruisent de la monnaie. Les capacités de création monétaire des banques sont cependant limitées par la nécessité de respecter certains ratios de fonds propres et par les besoins en monnaie banque centrale afin de faire face au mécanisme de compensation, aux réserves obligatoires et à la fuite en billets. La banque centrale conserve donc un certain contrôle de l'évolution de la masse monétaire (théorie du multiplicateur de crédit), ce qui est essentiel pour que la monnaie continue à remplir les fonctions qu'on attend d'elle (celle d'intermédiaire des échanges et de réserve de valeur, en particulier). Certains estiment toutefois que les marges de liberté des banques commerciales sont très élevées car elles savent que la banque centrale ne peut se permettre de bloquer le circuit de la monnaie en ne fournissant pas aux banques les liquidités dont elles ont besoin (théorie du diviseur de crédit).

Fiche 2
Les analyses théoriques de la monnaie

Quels sont les liens entre la monnaie et l'inflation ? Quelles sont les influences de la variation de la masse monétaire sur l'activité réelle, c'est-à-dire la production et l'emploi ? Comme dans bien des domaines, les réponses varient selon les hypothèses que font les économistes sur le fonctionnement de l'économie. Nous nous limiterons à ce qui a constitué le cœur des débats entre économistes monétaristes et économistes keynésiens.

Section 1. Les analyses libérales de la monnaie

1. La dichotomie entre sphère réelle et sphère monétaire et la neutralité monétaire

La monnaie n'est pas désirée pour elle-même mais parce qu'elle permet d'acquérir les biens et services désirés (fonction d'intermédiaire des échanges et de réserve de valeur). Seuls les biens et services affectent l'utilité des agents.

La confrontation des offres et des demandes conduit à établir des quantités offertes et demandées de biens et services ainsi que des prix relatifs (valeur relative des prix).

Prix relatifs et quantités offertes et demandées sont des grandeurs réelles.

L'introduction de la monnaie permet d'établir les prix nominaux (voir son rôle d'étalon de valeur ou numéraire) sans modifier les prix relatifs ni les quantités échangées. C'est l'hypothèse de *dichotomie* et de *neutralité de la monnaie*.

2. La théorie quantitative de la monnaie

Pour les économistes libéraux, l'inflation est toujours un phénomène monétaire. Elle résulte d'une augmentation de la masse monétaire supérieure à ce qui est nécessaire pour assurer les transactions programmées par les agents.

On exprime souvent la théorie quantitative de la monnaie à partir de l'équation d'Irving Fisher :

$$M.V = P.T$$

avec M = la masse monétaire, V = la vitesse de circulation de la monnaie, P = le niveau général des prix et T= le niveau des transactions.

Cette équation exprime une identité comptable (elle est toujours vraie). Les économistes libéraux font cependant deux hypothèses qui en font une analyse théorique :
– ils considèrent que la vitesse de circulation de la monnaie est constante à court terme car elle traduit les habitudes de paiement de la population ;
– la masse monétaire doit accompagner la croissance économique : le taux de croissance de la masse monétaire doit être égal à celui de la production potentielle. En revanche, ils estiment qu'une augmentation exogène de la masse monétaire n'a pas d'influence sur le volume des transactions.

Certes, un accroissement des liquidités au-delà de ce que les agents ont prévu aboutit à une augmentation de la consommation ou à l'achat de titres financiers (puisque la monnaie n'est pas désirée pour elle-même) mais, rapidement, cette hausse de la demande bute sur les capacités d'offre, qui sont limitées, et les prix s'accroissent. Le pouvoir d'achat des agents est réduit, de sorte que la demande n'augmente pas. Don Patinkin estime que c'est ce mécanisme (effet d'encaisses réelles) qui assure la neutralité de la monnaie et non l'hypothèse peu crédible de la dichotomie entre la sphère réelle et la sphère monétaire.

3. Neutralité de la monnaie et loi de Say (ou loi des débouchés)

La neutralité de la monnaie suppose que la *loi de Say* soit vérifiée. Celle-ci s'exprime de la manière suivante : l'offre crée sa propre demande. Cela signifie que si les mécanismes de marché fonctionnent correctement et si l'offre est rentable, elle génère des revenus tels que la demande globale va absorber toute l'offre. Il ne peut y avoir d'excès d'épargne car l'accroissement de celle-ci entraîne une baisse des taux d'intérêt qui provoque une hausse de l'investissement (laquelle se substitue à la baisse de la consommation). Il n'y a pas de surproduction possible et l'économie fonctionne toujours à un niveau proche du plein emploi des capacités de production.

Pour les économistes monétaristes de la première génération (Milton Friedman et ses épigones), les mécanismes de marché ne fonctionnent pas parfaitement à court terme (à cause notamment des asymétries d'information), de sorte que la monnaie peut exercer certains effets d'entraînement à court terme.

Cependant, comme l'économie a tendance à fonctionner à un niveau proche de son maximum de production, cela a tendance à accélérer l'inflation. À moyen terme, les asymétries d'information sont dépassées et la monnaie devient neutre.

Les monétaristes de la seconde génération, les nouveaux classiques, estiment quant à eux que la loi de Say est vérifiée même à court terme et que la monnaie est neutre à court terme.

4. La théorie de la demande de monnaie monétariste

a) La demande de monnaie en fonction du revenu permanent

Pour les économistes libéraux, la monnaie n'a aucune utilité propre. Les agents acceptent d'en détenir pour faire face à leurs transactions. C'est pourquoi les monétaristes (en particulier M. Friedman) estiment que la demande de monnaie dépend du revenu.

Un agent rationnel doit toutefois établir ses plans de consommation sur le long terme (il est irrationnel de consommer tout son revenu sur une période et de ne rien pouvoir consommer plus tard). Le revenu qui influence les comportements des agents est donc le *revenu permanent*.

La demande de monnaie monétariste est une *demande d'encaisses réelles*. En effet, puisque le motif de transaction domine, il faut tenir compte du niveau général des prix. Le rapport de la demande de monnaie sur le niveau général des prix est égal au rapport du revenu permanent sur le niveau général des prix. Ainsi, lorsque les prix augmentent, les agents sont incités à détenir davantage de monnaie.

Le revenu permanent

Le revenu permanent (Rp) désigne le flux de revenu sur le long terme qu'un agent peut escompter de la mise en valeur de son patrimoine sans diminuer la valeur de celui-ci.

Les éléments constitutifs du patrimoine sont la monnaie, les revenus des placements (obligations et actions), le capital physique (capital technique et immobilier) et le capital humain (capacités productives de l'individu dans lesquelles il est possible d'investir et dont le revenu est le salaire).

b) Les conséquences des variations du revenu courant et de la masse monétaire

➤ Selon les hypothèses monétaristes, une variation du revenu courant (revenu de court terme) n'affectera pas la demande de monnaie si cette variation est considérée comme transitoire.

➤ Quelles sont les conséquences d'un accroissement de la masse monétaire à la suite d'une politique monétaire expansive ? Les agents disposent d'encaisses supplémentaires mais, comme la demande de monnaie est stable, ils vont les dépenser (ils ne conservent pas cette monnaie en supplément). Cette hausse de la demande peut avoir un effet transitoire sur la production et l'emploi. Cependant, selon la loi de Say, le niveau de l'activité est proche de celui qui assure le plein emploi des facteurs de production de sorte que, rapidement, les prix augmentent, ramenant la valeur réelle des encaisses à son niveau d'origine. La demande de monnaie monétariste est donc conforme aux enseignements de la théorie quantitative de la monnaie.

Section 2. Les analyses keynésiennes de la monnaie

1. Pas de dichotomie entre sphère réelle et sphère monétaire

Pour les économistes keynésiens, les choix des agents s'opèrent d'emblée sous forme monétaire. Il n'existe pas de dichotomie entre la sphère réelle et la sphère monétaire.

Les agents ne sont pas en mesure d'observer correctement toutes les grandeurs économiques. En particulier, ils ne perçoivent pas bien les variations de prix. Ils sont victimes d'*illusion monétaire*. L'accroissement de la masse monétaire est donc susceptible d'entraîner une augmentation des transactions, même si elle s'accompagne d'inflation.

2. Le rejet de la loi de Say

Les marchés ne fonctionnent pas parfaitement, de sorte que la loi de Say n'est pas vérifiée[8]. La production n'assure pas systématiquement le plein emploi des capacités de production. Une augmentation de la demande à la suite d'une stimulation monétaire peut, à court terme, stimuler la production et, donc, la croissance économique et l'emploi. La monnaie n'est pas neutre à court et moyen termes.

3. La monnaie est endogène et peut être demandée pour elle-même

➤ La monnaie contemporaine étant une monnaie de crédit, la création monétaire n'est pas déterminée par la politique de la banque centrale mais par les besoins des agents. Elle est *endogène*. De ce fait, le risque d'un excédent de monnaie est faible.

➤ La monnaie peut être demandée pour elle-même. Lorsque les taux d'intérêt sont très bas, les agents anticipent une augmentation future et absorbent donc toute la monnaie qu'ils peuvent obtenir, en prévision d'une hausse des taux. Quand les taux monteront, ils s'en serviront pour faire face à leurs transactions et acheter des titres financiers (les prix de ces derniers diminuent lorsque les taux augmentent). C'est une demande de monnaie de spéculation. Elle conforte les keynésiens dans l'idée que la vitesse de circulation de la monnaie n'est pas constante[9]. Si la politique monétaire est très expansive, les agents conservent la monnaie dans leurs encaisses et elle n'alimente pas une hausse excessive de la demande.

---

8. Pour une justification de cette analyse, voir pages 37 à 40.

9. Nous approfondissons plus loin l'analyse de la demande de monnaie chez Keynes.

4. Une interprétation non monétaire de l'inflation

Les causes de l'inflation sont à rechercher dans les canaux de transmission des hausses de prix ; il peut s'agir :
– d'une insuffisance de l'offre due à un appareil de distribution non adapté ou à un manque d'investissement dans les périodes précédentes ;
– d'un conflit autour du partage de la valeur ajoutée. Cela met en cause des augmentations de salaires supérieures aux gains de productivité et des marges commerciales excessives. Le contrôle de l'inflation peut nécessiter la mise en place d'une politique des revenus encadrée par l'État ;
– de la hausse du prix des matières premières et des produits importés (on parle d'inflation importée). Elle peut être attisée par la dévaluation de la monnaie nationale.

5. Les analyses néo-keynésiennes de l'absence de neutralité de la monnaie

Les banques disposent d'informations imparfaites sur la qualité des emprunteurs (situation financière et viabilité des stratégies adoptées). Des taux élevés incitent certains agents à renoncer à emprunter. Dans ces conditions, la part des emprunteurs les plus incités à prendre des risques importants s'accroît et les créances douteuses détenues par les banques peuvent augmenter dangereusement (risque de sélection adverse). Les banques ont alors tendance à se montrer plus sélectives dans l'octroi des crédits.

Des entreprises ne sont pas servies en crédit alors qu'elles étaient prêtes à emprunter au loyer de l'argent en vigueur. Ce rationnement est accru en période de récession (car les banques sont encore plus réticentes à prendre des risques). Dans ce contexte, une baisse des taux d'intérêt peut s'avérer nécessaire pour que le marché du crédit fonctionne de façon optimale et que la croissance économique soit plus élevée (Stiglitz et Weiss).

Par ailleurs, les néo-keynésiens montrent que, même lorsque la création monétaire aboutit à une hausse du niveau général des prix, elle exerce des effets positifs en termes de croissance et d'emploi. Leur analyse repose sur la justification de la rigidité des prix réels. La flexibilité des prix est un facteur de résolution des déséquilibres à condition que les prix relatifs correspondent aux prix d'équilibre (les prix doivent baisser sur les marchés où il y a un excès d'offre et augmenter là où existe un excès de demande).

Ce n'est pas le cas dès lors que la concurrence est imparfaite. Dans ces conditions, une accélération de l'inflation suite à une politique monétaire expansive abaisse le salaire réel et stimule la demande de travail des entreprises (Mankiw, Romer, Ball). Friedman considérait que ces effets n'étaient que de courte durée alors que, selon les néo-keynésiens, ils peuvent être déterminants à long terme si les activités profitant de l'accélération de la croissance économique bénéficient de larges plages de rendements croissants (ce qui permet des hausses de revenus et/ou une amélioration de la compétitivité des firmes).

6. La demande de monnaie keynésienne

Les économistes keynésiens proposent une analyse différente de la demande de monnaie de transaction. Ils avancent par ailleurs un motif supplémentaire de détention de la monnaie : la demande de spéculation.

a) La demande de monnaie de transaction

La demande de monnaie à des fins de transaction dépend, chez Keynes, du *revenu courant* et non du revenu permanent. Cependant, James Tobin et William Baumol ont enrichi l'analyse des déterminants de la monnaie de transaction. Ils ont avancé l'hypothèse qu'elle dépend également du niveau et des variations des taux d'intérêt.

L'argument est lié au coût d'opportunité de la détention de monnaie. Plus le taux d'intérêt est élevé, plus il est coûteux pour les agents de détenir des liquidités plutôt que de les placer. Ainsi, la demande de monnaie d'encaisses de transaction est décroissante par rapport au taux d'intérêt.

b) La demande de monnaie de spéculation

La théorie quantitative de la monnaie repose sur l'hypothèse que les agents désirent détenir des encaisses uniquement à des fins de transaction. Keynes introduit le motif de spéculation.

Les agents doivent choisir comment conserver leur patrimoine financier. Ils peuvent conserver leur liquidité sous forme de monnaie (les composantes de M1 [10]) ou bien effectuer des placements financiers. Plus les rendements des placements sont élevés, plus le coût d'opportunité de la détention d'encaisses liquides est élevé. Le taux d'intérêt moyen sur les marchés des capitaux représente une bonne approximation des rendements sur les marchés. Plus le taux est élevé, plus les encaisses détenues par les agents sont faibles. La demande de monnaie de spéculation est donc une fonction décroissante des taux d'intérêt.

On peut améliorer l'analyse de la demande de monnaie de spéculation en prenant en compte les anticipations des agents :
– ils tiennent compte du fait que lorsque les taux d'intérêt sont élevés, l'évolution la plus probable est que les taux baisseront dans le futur. Or la baisse des taux d'intérêt entraîne une diminution de la valeur de certains titres financiers (en particulier des obligations) et, donc, une perte en capital [11]. La prise en compte des anticipations confirme le lien décroissant entre demande de monnaie et taux d'intérêt ;
– en économie ouverte avec liberté de circulation des capitaux, les agents peuvent également arbitrer entre les monnaies (conserver des euros, des dollars ou toute autre monnaie). Les anticipations concernant les mouvements de change peuvent affecter la demande de monnaie d'une devise. Anticiper aujourd'hui une hausse future de l'euro par rapport au dollar incite les agents à convertir leurs avoirs en dollars en avoirs en euros. Une fois de plus, les taux d'intérêt jouent un rôle important. La différence entre les taux d'intérêt réels en Europe et aux États-Unis exerce, « toutes choses égales par ailleurs », une forte influence sur les taux de change.

---

10. Voir plus haut, fiche 1, section 2, « 2. Les agrégats monétaires ».

11. Voir page 64 l'encadré intitulé « Taux d'intérêt et valeur des obligations » consacré à cette question.

Taux d'intérêt et valeur des obligations

Sur le marché des obligations, les agents ont le choix entre acheter des obligations nouvellement émises ou d'occasion.

Lors de l'émission d'une obligation, la rémunération de cette dernière est définie par contrat. Cette rémunération est appelée le « coupon ». Il désigne donc la rémunération fixe que l'organisme émetteur s'engage à payer au détenteur du titre, quel qu'il soit.

Les acheteurs de titres comparent ceux-ci entre eux en fonction :
– de leur durée de vie : on ne compare pas directement le rendement d'un titre émis à deux ans avec celui d'un titre émis à sept ans ;
– du risque encouru : le risque de ne pas être payé est plus important avec certains agents qu'avec d'autres. Les émetteurs sont évalués par les agences de notation et les acheteurs connaissent cette information.

Le rendement constitue le rapport entre les revenus tirés des titres et la valeur de ces derniers. Il est également appelé « taux d'intérêt ».

Lorsqu'on dit que le taux du marché est de 5 %, cela signifie que les émetteurs accordent un rendement de 5 %, c'est-à-dire un rapport de 5 % entre le coupon et la valeur de l'obligation.

Si r est le rendement du titre, C la valeur du coupon et V celle du titre :

$r = C / V$ (1).

Les agents qui achètent une obligation peuvent, quelque temps plus tard, avoir besoin de la revendre. La revente d'un titre peut occasionner une plus-value si la valeur de revente est supérieure à celle d'achat. Dans le cas contraire, l'agent subit une perte en capital (ou moins-value).

La réalisation de moins-values ou de plus-values dépend de l'évolution des taux d'intérêt. Il est en effet possible de reformuler l'expression (1) sous la forme :

$V = C / r$.

Illustrons cette règle à l'aide d'un exemple simplifié.

À la date t_0, un agent achète une obligation 1 000 euros alors que le taux d'intérêt sur le marché est de 10 %. L'émetteur lui assure donc un coupon de 100 euros (0,10 x 1 000 = 100).

En t_1, il désire revendre ce titre pour obtenir de la liquidité. À quel prix peut-il espérer le revendre ?

Le taux du marché en t_1 est de 11 %. Il doit donc vendre son titre à un prix tel que 100 euros représentent au minimum 11 % de ce prix.

11 % = 100 / V => V = 100 / 0,11 = 909,09 euros

La hausse du taux d'intérêt provoque une baisse du prix de revente de l'obligation et, donc, une perte en capital. Cet agent a intérêt à attendre, s'il le peut, une diminution des taux. À l'inverse, des agents peuvent être incités à revendre leurs titres pour réaliser des plus-values lorsque les taux baissent, même s'ils n'ont pas un besoin pressant de liquidités. Les obligations constituent un instrument de spéculation.

Retenir l'essentiel

Pour les économistes libéraux, la monnaie est neutre. Le taux de croissance de la masse monétaire doit être égal au taux de croissance potentiel de l'économie, qui dépend des capacités d'offre. Au-delà, la création monétaire est inflationniste car la demande de monnaie dépend du revenu permanent et les agents dépensent immédiatement la monnaie en surplus. Dès lors que l'on admet la loi de Say, il en résulte que toute politique monétaire de relance se traduira non pas par davantage de croissance économique, mais par une accélération de l'inflation.

Les économistes keynésiens considèrent *a contrario* que la monnaie n'est pas neutre car ils estiment que les mécanismes de marché ne fonctionnent pas parfaitement (rejet de la loi de Say). Il est donc possible que la demande globale ne soit pas suffisante pour assurer le plein emploi. Dans ces conditions, une expansion monétaire n'est pas nécessairement inflationniste et stimule la croissance économique et l'emploi. Lorsque le taux d'intérêt atteint un niveau très bas, il est de toute façon fort probable que la demande de monnaie de spéculation absorbe une grande partie de la monnaie, de sorte que les pressions inflationnistes sont limitées.

Fiche 3
Le financement de l'économie

Étudier le financement de l'économie revient à examiner comment les agents économiques se procurent les fonds prêtables dont ils ont besoin. Le système de financement permet aussi à ces agents de s'assurer contre la réalisation de certains risques grâce aux produits dérivés.

On considère que le financement de l'économie est assuré par deux types de financement :
– le **financement direct** : il s'agit d'un apport de capitaux par les agents à capacité de financement aux agents à besoins de financement par l'intermédiaire des marchés de capitaux. On parle de financement direct par les marchés ;
– le **financement indirect** (ou intermédié) : les établissements financiers (en particulier les banques) servent d'intermédiaires entre les agents qui ont des fonds à placer et ceux qui ont des besoins de financement.

L'épargne doit-elle précéder l'investissement ?

Si l'on estime que l'épargne doit précéder l'investissement, on est amené à considérer que l'essentiel du financement doit se faire par le recours aux marchés (marché monétaire et marché financier). À l'inverse, si l'on juge que l'investissement peut précéder l'épargne, on est conduit à faire reposer davantage le financement sur le circuit intermédié.

Pour les économistes libéraux, un financement sain de l'investissement s'appuie sur une épargne préalable. L'augmentation de l'épargne garantit en effet un financement non inflationniste de l'investissement puisqu'il est précédé par une réduction de la consommation. Lorsque l'investissement arrive à maturité, les nouveaux produits qui sont mis sur le marché trouvent des débouchés car l'épargne, pour les économistes néoclassiques, est un achat différé.

Les économistes keynésiens craignent les effets dépressifs d'un accroissement de l'épargne. La consommation est la composante la plus importante de la demande globale (de 55 à 60 %). Sa diminution réduit les débouchés des entreprises et nourrit des anticipations négatives qui peuvent déclencher une récession (baisse des investissements et de l'emploi). Financer l'investissement par le crédit permet au contraire de ne pas porter atteinte à la demande globale. La hausse du revenu qui résulte de la croissance permet, durant la période suivante, de dégager l'épargne nécessaire au remboursement des crédits.

Section 1. Le financement direct par les marchés

1. Le principe général

Les agents à besoin de financement vendent des titres financiers (actions, obligations, titres de créances négociables) aux agents à capacité de financement en contrepartie des liquidités qu'ils reçoivent.

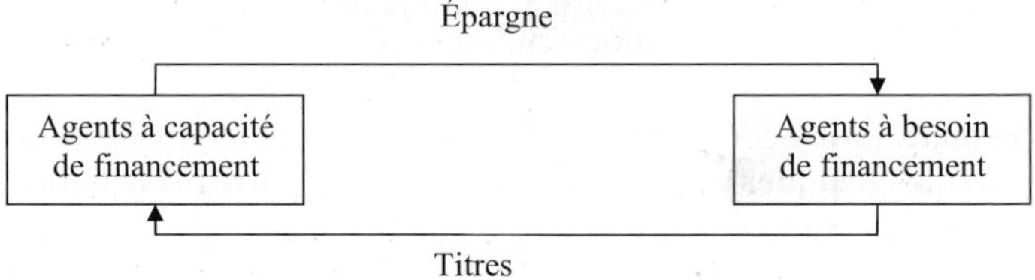

2. Les principaux marchés

Le marché des capitaux n'est pas totalement unifié. Il comprend différents compartiments qui, sans être totalement étanches, peuvent être facilement distingués, à partir de deux critères :
– le terme des transactions (court et moyen termes, long terme);
– les intervenants sur le marché (marché ouvert à tous les agents sous certaines conditions, marché réservé aux établissements de crédit).

En croisant ces deux critères, on obtient le tableau suivant :

	Marchés ouverts à tous les agents	Marchés fermés, réservés aux établissements de crédit
Court et moyen termes	**Marché monétaire** (10 jours à 2 ans; jusqu'à 7 ans dans une définition élargie)	**Marché interbancaire** (effets de 24 heures à 6 mois)
Long terme et > 3 ans	**Marché financier**	**Marché hypothécaire**

Nous ne traiterons pas du marché hypothécaire, qui est réservé aux banques opérant sur les crédits immobiliers. Il occupe une place marginale par rapport aux autres marchés. Présentons sommairement les principales caractéristiques des différents marchés de capitaux.

La structure des taux d'intérêt selon le terme ou pourquoi les taux sont-ils plus élevés à long terme qu'à court terme ?

En général, les taux à long terme sont supérieurs aux taux à court terme. On peut avancer plusieurs explications à ce constat :
– *la théorie des anticipations* (Meiselman) : quand on prête à long terme, on s'expose fortement à une hausse des taux dans le futur. Les agents peuvent alors être tentés de différer leurs placements à long terme afin de bénéficier d'un rendement plus important. Pour les inciter à placer immédiatement, il faut accepter de leur payer des taux plus élevés à long qu'à court terme;
– *la théorie de la préférence pour la liquidité* (Hicks) : les agents ont une préférence pour la liquidité du fait des coûts de conversion qu'ils subissent lorsque, confrontés à un besoin de liquidités, ils doivent vendre leurs actifs financiers. Le taux d'intérêt est alors considéré comme le prix du renoncement à la liquidité;
– *la théorie de la segmentation* (Culbertson) : les agents qui empruntent sont plutôt attirés par les engagements de long terme alors que ceux qui prêtent préfèrent s'engager sur le court terme. La demande élevée de titres longs par rapport à l'offre fait fortement augmenter les taux;
– *la théorie de « l'habitat préféré »* (Modigliani) : les banques ont une préférence pour les prêts à court terme, compte tenu de la structure de leurs ressources (essentiellement des dépôts de court et moyen termes).

a) Le marché financier

Le marché financier permet de lever des capitaux à long terme.

Les actions

Il s'agit de droits de propriété sur les actifs sociaux de l'entreprise. Les revenus qu'elles procurent sont variables. Il s'agit de *dividendes* versés aux actionnaires. Ils dépendent donc des profits réalisés par l'entreprise et de la politique de répartition de ces derniers.

Ces titres peuvent être revendus et achetés sur le *marché secondaire*, qui est une sorte de marché de l'occasion. Le détenteur d'action peut réaliser une plus-value à la revente (si le cours de l'action a monté entre l'achat et la revente). Il peut aussi, dans le cas contraire, réaliser des moins-values.

Les actions confèrent théoriquement un droit à la gestion mais, dans les faits, en raison de la concentration financière, ce droit est trop dilué pour le petit porteur.

Les obligations

Ce sont des titres représentatifs d'un emprunt à long terme émis par une entreprise ou une collectivité publique et entraînant le paiement régulier d'un intérêt et, au bout d'un délai déterminé, la restitution du capital. Le revenu versé est donc fixe. Le détenteur d'obligation peut cependant réaliser des plus-values ou des moins-values en revendant cette obligation. Cela dépend des variations des taux d'intérêt : la valeur des obligations varie de manière inverse aux évolutions des taux d'intérêt[12].

L'évolution des taux d'intérêt dépend des déséquilibres entre la demande et l'offre de fonds prêtables. La demande dépend bien entendu des besoins des entreprises mais également de ceux de l'État pour financer son déficit budgétaire[13]. « Toutes choses égales par ailleurs », si la ponction de l'État sur l'épargne publique s'accroît, les taux augmentent. On parle d'effet d'éviction des agents privés. L'offre dépend évidemment du niveau d'épargne (voir

12. Voir fin de la fiche 2, encadré « Taux d'intérêt et valeur des obligations ».

13. Le déficit n'est pas financé uniquement par des obligations de long terme. Le Trésor public emprunte aussi sur le marché monétaire à court terme.

les déterminants de la consommation et de l'épargne des ménages). Elle est fortement affectée aussi par les anticipations des agents qui désirent optimiser le rendement de leur épargne. À ce titre, les anticipations d'une hausse des taux les incitent à exiger des taux plus élevés. Les effets de l'inflation sont identiques si l'on considère que les agents raisonnent en termes de taux réels et non pas nominaux (I. Fisher).

b) Le marché monétaire

Depuis 1986, le marché monétaire est ouvert à des agents non financiers désirant prêter ou emprunter des liquidités. On distinguera donc le marché monétaire au sens strict (marché interbancaire) et le marché monétaire au sens large (appelé également « marché des titres négociables », c'est-à-dire des titres de court terme dont le fonctionnement s'apparente à celui des obligations).

Le marché monétaire interbancaire

Le marché monétaire interbancaire sert aux banques commerciales à se refinancer en monnaie banque centrale[14]. Les banques ayant besoin de liquidités en monnaie banque centrale empruntent auprès de celles qui ont des excédents.

La banque centrale alimente le marché en monnaie banque centrale (la liquidité du marché dépend des interventions de la banque centrale). C'est par ses interventions sur le marché monétaire que la banque centrale influence la formation des taux d'intérêt à court terme ; ce mode d'intervention est devenu dominant dans la conduite de la politique monétaire. Plus elle alimente le marché (et plus ses taux d'intervention sont faibles), plus les taux sur le marché monétaire sont bas. Les banques peuvent alors baisser les taux sur les crédits.

Le marché monétaire au sens large

Sur ce marché des titres négociables interviennent les établissements non bancaires admis au marché monétaire (ENBAMM) – surtout les sociétés

14. Voir fiche 1 (« La monnaie ») pour la présentation des besoins des banques commerciales en monnaie banque centrale.

d'assurance et les caisses de retraite –, les organismes de placement collectif en valeurs mobilières (OPCVM), les grandes entreprises et les capitaux étrangers.

Les principaux instruments sur le marché monétaire (interbancaire et au sens large)

Les prêts directs sans garantie

Sur le marché interbancaire, les institutions financières peuvent procéder à des prêts directs sans contrepartie (opérations au jour le jour, réalisées de gré à gré et sans titres en garantie). Cependant, l'absence de contrepartie fait courir un risque important au prêteur. Les taux d'intérêt sont en moyenne plus élevés que pour les prêts avec contrepartie.

Les titres de créance négociables

Ces prêts reposent toutefois de plus en plus sur l'échange de titres dits « négociables ». Ils le sont car l'agent ou l'institution qui les détient peut les revendre sur le marché avant échéance. Les échanges peuvent être fermes, c'est-à-dire que les titres sont définitivement cédés du fait de la transaction, ou faire l'objet d'une *mise en pension*.

La pension livrée consiste en une opération double. L'emprunteur cède son titre et le récupère à l'échéance lorsqu'il rembourse le prêt. La garantie offerte par le titre permet de diminuer le taux d'intérêt pour l'emprunteur. Le prêteur bénéficie d'une garantie (il conserve le titre ou le revend en cas de défaut de remboursement) et il perçoit aussi une rémunération sur le titre lors de l'opération.

Différents types de marché

Marché primaire et marché secondaire

Le *marché primaire* est le marché sur lequel sont émis les nouveaux titres par les entreprises ou par les États (ainsi que les collectivités territoriales).

Le *marché secondaire* est celui sur lequel les titres qui ont déjà été émis sont échangés (les titres changent de main). Il permet aux détenteurs de titres de les revendre et de retrouver leur liquidité. Cela rend l'achat de titres plus attractifs. En effet, l'engagement n'est pas définitif et le détenteur d'un titre peut s'en défaire en cas de besoin. Les cours sur le marché secondaire renseignent par ailleurs l'émetteur sur les anticipations des marchés quant à sa stratégie et sa capacité à atteindre les objectifs qu'il s'est fixés.

Marché organisé et marché de gré à gré

Un *marché de gré à gré* – ou, en anglais, *over-the-counter* (OTC, *hors Bourse*) – est un marché sur lequel la transaction est conclue directement entre le vendeur et l'acheteur. Il s'oppose au *marché organisé* (ou *en Bourse*), où la transaction s'effectue avec la Bourse. Les opérations y sont souvent moins standardisées et moins normalisées ou bénéficient d'un cadre réglementaire plus souple.

3. Le développement des instruments des marchés dérivés

a) Le principe des produits dérivés

Les produits dérivés s'appellent ainsi car leurs prix dérivent de la valeur d'autres actifs appelés « le sous-jacent » (actions, obligations, devises, taux d'intérêt…). Leur raison d'être initiale est de permettre à des agents de se couvrir contre certains risques dans le futur. Ces derniers sont liés à des opérations commerciales ou financières dont ils ne maîtrisent pas les conditions de réalisation (évolution des taux de change, des taux d'intérêt, des prix des matières premières ou d'un actif financier).

Le principe général des produits dérivés est de fixer dès à présent un prix pour ces actifs dans le futur.

b) Deux exemples de produits dérivés

Les contrats à terme

Dans ce type de contrat, les deux parties fixent le prix du sous-jacent pour une livraison à une date *t*.

■ *Exemple*

Un producteur de céréales peut vendre sa récolte par anticipation à un prix fixé d'avance. Il se prémunit ainsi contre le risque de chute des cours. L'acheteur, quant à lui, se prémunit contre le risque inverse. L'un et l'autre peuvent ainsi anticiper plus facilement les évolutions de leurs recettes et de leurs coûts.

Ces contrats à terme permettent donc d'entreprendre des actions risquées pour lesquelles il n'existe pas d'assurance. L'assurance n'est jamais garantie par ces marchés. Cela supposerait en effet que le marché soit équilibré et ce n'est bien sûr pas toujours le cas.

■ *Exemple*

Un exportateur désireux de se prémunir contre une baisse du dollar alors que cette crainte est partagée par la grande majorité des intervenants sur le marché ne pourra pas trouver preneur pour un contrat à terme visant à le protéger.

Les options

Une option est un droit d'acheter ou de vendre, à une date donnée et à un cours fixé à l'avance, une certaine quantité d'un actif (un actif financier ou des devises). Contrairement au contrat à terme à l'échéance, l'acheteur de l'option peut décider de ne pas exécuter le contrat si les évolutions des cours ne valident pas ses anticipations. En contrepartie de cette liberté, il paye une prime qui rémunère le vendeur de l'option pour le risque pris.

c) Spéculation et produits dérivés

Les marchés des produits dérivés ne peuvent pas fonctionner si des agents refusent de prendre des risques et, donc, de spéculer. Les dérivés ont certes mauvaise presse depuis la crise de 2007. Néanmoins, ils sont nécessaires pour couvrir les agents contre certains risques et, dans cette perspective, la présence de spéculateurs est inévitable.

4. Les principaux acteurs des marchés financiers

a) Les banques : des acteurs dominants en pleine mutation

Au début des années 1980, les mutations financières ont profondément modifié la structure du système de financement, et un recul important du rôle des banques était attendu en raison de la concurrence des marchés financiers et de la montée en puissance de nouveaux acteurs (fonds de pension, sociétés d'assurance...). De fait, des années 1980 aux années 1990, les banques ont subi les évolutions et reculé face à la concurrence [15]. Depuis lors, elles ont largement profité du développement des marchés des capitaux, dont elles sont devenues des acteurs majeurs. Le crédit bancaire reste la principale source de financement des ménages et des entreprises (surtout des PME) mais, pour s'adapter à la concurrence, les banques ont diversifié leurs activités.

Jusque dans les années 1990, le passif des banques était principalement dominé par les dépôts des clients, et l'actif par les créances sur les crédits (le tout avec un ancrage national très marqué). Aujourd'hui, on note une internationalisation croissante des activités de financement et une augmentation de la part des titres financiers détenus à l'actif et émis au passif (certificats de dépôts et obligations). Par ailleurs, les banques ont largement développé de nouvelles fonctions qui assurent une part croissante de leurs revenus [16] : le conseil financier, les transmissions d'ordre sur les marchés financiers pour leurs clients ou en propre, l'assurance, la gestion d'OPCVM, de patrimoine, ainsi que des activités extra-financières (téléphonie mobile, location de voitures...).

15. Elles ont dû non seulement affronter la fuite de clients vers les institutions concurrentes (y compris les banques étrangères), mais aussi trouver de nouvelles sources de financement plus coûteuses (notamment pour s'alimenter en monnaie banque centrale). Le recours au marché monétaire a pris le pas sur l'accès direct à la banque centrale.

16. Revenus moins volatiles que les revenus financiers, qui dépendent des évolutions du marché.

Avantages et inconvénients de la concentration bancaire

La concurrence accrue a conduit à la constitution de grands groupes bancaires, à la suite d'opérations de fusions et d'acquisitions. Ces opérations, qui n'en sont qu'à leurs débuts et qui ont démarré plus tardivement que dans d'autres secteurs, se déroulent principalement entre acteurs de même nationalité (opérations domestiques) et dans le même secteur (peu d'alliances se réalisent entre banques et assureurs, par exemple). D'un certain côté, cette évolution est un gage d'efficacité car la concurrence ne laisse subsister sur le marché que les acteurs les plus efficaces et les plus innovants. Ceux-ci peuvent aller plus loin dans l'exploitation des économies d'échelle. Elle peut également conduire à un système plus sûr car de grands établissements ont la possibilité de diversifier plus facilement leurs ressources (origine et instruments) ainsi que leurs engagements. D'un autre côté, la concentration plus poussée confère aux banques un pouvoir de marché qui rend les clients plus captifs. En outre, la concentration du secteur bancaire aboutit aussi à une concentration des risques. Comme la crise de 2007 l'a amplement démontré, certains établissements ont une taille trop importante pour que les pouvoirs publics acceptent leur défaillance *(« too big to fail »)*, sous peine d'entraîner une crise générale du système de financement (crise systémique).

Par ailleurs, afin de réduire le coût en fonds propres de leurs engagements, les banques ont eu recours à des innovations comme la *titrisation* de leurs créances. Lorsqu'une banque accorde un crédit à un client, elle inscrit une créance à son actif. En contrepartie, cela augmente ses besoins en monnaie banque centrale (réserves obligatoires) et en capitaux propres et réduit donc sa capacité à accorder de nouveaux crédits. Les banques ont trouvé la solution en transformant ces créances bancaires en titres négociables sur le marché financier, ce qui permet à la fois de transférer le risque sur un autre acteur et d'alléger le bilan de banque. Les économistes estiment que la titrisation a accru l'efficacité du financement de l'économie ; cependant, elle a aussi amené les banques à prendre des risques excessifs. La crise des *subprimes*, intervenue en 2007 sur les crédits hypothécaires aux États-Unis, illustre parfaitement cette dérive.

b) Les investisseurs institutionnels

Les investisseurs institutionnels (ou « zinzins ») assurent la gestion collective de l'épargne des ménages. On distingue trois catégories de « zinzin » : les fonds de pension (gestion de l'épargne retraite) ; les organismes de placement collectif en valeurs mobilières (OPCVM) comme, en France, les sociétés d'investissement à capital variable (SICAV) ou les fonds communs de placement (FCP) ; enfin, les sociétés d'assurance.

Les « zinzins » constituent des acteurs essentiels sur les marchés financiers puisqu'ils y réalisent environ 80 % des transactions. En détenant une part croissante du capital des grandes sociétés cotées en Bourse, les « zinzins » sont en mesure d'imposer des critères de rentabilité des fonds propres qui exercent une pression énorme sur les stratégies des entreprises. Certains les accusent de privilégier la rentabilité à court terme au détriment du développement des firmes à long terme. D'autres insistent plutôt sur leur rôle positif en termes de diffusion des meilleures pratiques de gouvernance des entreprises. Ils sont en outre des acteurs essentiels du financement de la dette des États, ce qui leur permet d'exercer une forte influence sur la politique économique en faisant jouer la concurrence fiscale. Les économistes libéraux mettent en avant leur rôle positif dans la répartition des risques grâce à la diversification des portefeuilles qu'ils permettent, alors que certains économistes keynésiens leur reprochent de favoriser l'instabilité des marchés en adoptant les mêmes stratégies de vente et d'achat de titres – un comportement favorisé par l'utilisation de critères identiques de gestion – et, donc, d'amplifier à l'extrême les fluctuations des prix de ces actifs.

c) Les fonds non conventionnels[17]

Les hedges funds

« Les hedge funds *sont le fait d'une catégorie particulière d'investisseurs s'adressant à de gros clients fortunés qui acceptent de prendre des risques en vue d'obtenir une rentabilité élevée »*[18].

Ces sociétés ne sont assujetties à aucune contrainte réglementaire (comme celles des banques) car elles ne gèrent pas d'épargne publique. De ce fait, elles prennent de gros risques sur les marchés en jouant fortement de l'*effet de levier* (elles empruntent beaucoup et utilisent massivement les

17. On les appelle également « fonds alternatifs ».

18. Dominique Plihon, *Encyclopædia Universalis*, article « Crises financières. Régulation financière internationale ».

produits dérivés, si bien que leurs mises de fonds représentent une faible part de leurs engagements).

Leurs actifs constituent une petite partie des actifs globaux mais 10 à 20 % des transactions quotidiennes aux États-Unis (beaucoup plus sur certains segments très spéculatifs)[19].

Les fonds de private equity

Comme les *hedge funds*, ils ne recourent pas à l'épargne publique et ne sont donc pas soumis aux règles imposées par les autorités des marchés financiers. Ils financent plusieurs types d'entreprise ou de structure :
– les entreprises jeunes à fort potentiel de développement (on parle de « capital risque » ou de *venture capital*). C'est le cas en particulier dans le domaine des nouvelles technologies. Ces fonds sont des acteurs majeurs de l'innovation ;
– les entreprises matures, notamment en période de restructuration ou de transmission.

Ces fonds pratiquent le *leverage buy-out* (ou achat à effet de levier). Ils empruntent énormément pour prendre le contrôle des entreprises auprès desquelles ils interviennent. L'objectif est alors de le revendre assez rapidement et de réaliser une plus-value. Leur logique de court terme (sauf peut-être pour les *« start-up »* dans le secteur des nouvelles technologies) les conduit à des plans de restructuration draconiens qui mettent parfois en danger la survie des entreprises et s'opèrent généralement avec un mépris profond des conditions sociales. Enfin, l'entreprise rembourse les emprunts massifs en versant de forts dividendes qui peuvent peser sur ses capacités à poursuivre son développement.

Section 2. Le financement intermédié

On identifie deux circuits principaux : celui qui amène les établissements de crédit à collecter des ressources ou à emprunter sur les marchés pour

19. Ils jouent donc un rôle important dans l'optique d'apporter une liquidité suffisante au marché.

les prêter ensuite, et celui que nous avons mentionné dans la fiche 1 (« La monnaie ») et qui repose sur la création monétaire.

1. Des ressources aux crédits

Les intermédiaires financiers collectent des ressources et les prêtent aux agents à besoin de financement (ABF).

a) Les crédits accordés à partir des dépôts des agents à capacité de financement

C'est la forme d'intermédiation à laquelle les agents financiers bancaires avaient majoritairement recours jusqu'au milieu des années 1980 (le support type était alors le livret d'épargne). C'est une intermédiation de transformation dans la mesure où le terme des dépôts et celui des prêts ne coïncident pas nécessairement (en fait, c'est rarement le cas).

b) L'intermédiaire financier collecte des ressources en émettant des titres

Avec les liquidités obtenues, il achète des titres émis sur le marché des capitaux par les ABF. Jusqu'aux années 1980, ces opérations étaient essentiellement effectuées par des organismes qui financent leurs opérations à partir de leurs ressources propres ou des emprunts sur le marché financier (Crédit national, Crédit foncier…), c'est-à-dire des organismes qui n'ont pas la possibilité de créer de la monnaie.

L'intermédiation bancaire permet de concilier des attentes inconciliables

Les agents qui prêtent ont en général un certain goût pour la liquidité. Ils préfèrent prêter à court terme. Les emprunteurs, quant à eux, préfèrent emprunter à long terme afin de supporter des charges de remboursement moindres à court terme. Il y a donc incompatibilité entre ces deux attentes. Les intermédiaires financiers permettent de concilier ces objectifs en transformant des dépôts à court et moyen termes en crédits à plus long terme. Ils peuvent le faire car, à chaque période, seule une fraction des dépôts est convertie en liquidités par les épargnants.

2. Des crédits aux dépôts

C'est en fait le mécanisme de création monétaire scripturale. Seules les banques peuvent réaliser une telle opération. Celle-ci est nécessairement limitée au court terme car la banque n'a pas (obligatoirement) les ressources au préalable.

Section 3. Les évolutions du système de financement français depuis les années 1980

Alors que la France fonctionnait davantage selon les principes de l'*économie d'endettement*, elle a évolué à partir du milieu des années 1980 vers une *économie de marchés financiers*.

1. Économie d'endettement, économie de marchés financiers

Les concepts d'économie d'endettement et d'économie de marchés financiers sont issus des travaux de John Hicks.

a) Économie d'endettement

Une économie d'endettement présente les caractéristiques suivantes :
- prédominance du financement intermédié sur le financement direct ;
- contrôle étroit de la sphère financière par les pouvoirs publics ;
- le taux d'intérêt est quasiment déterminé par les autorités monétaires, à cause de la place limitée réservée au marché monétaire. Les banques de second rang se refinancent directement auprès de la banque centrale ;
- concurrence faible entre les institutions financières ;
- faible ouverture sur l'étranger, du fait d'un contrôle rigoureux des échanges.

b) Économie de marchés financiers

À l'inverse, une économie de marchés financiers présente les caractéristiques suivantes :
- les marchés jouent un rôle dominant dans le financement des agents privés et publics ;

– le contrôle du système financier se réduit à la définition de règles prudentielles ;
– la régulation monétaire s'effectue *via* les interventions de la banque centrale sur le marché monétaire et non par la voie de contrôles administratifs. Les taux d'intérêt sont donc déterminés par le jeu des lois du marché ;
– la concurrence est forte entre les intermédiaires.

2. Les facteurs de mutation

L'économie d'endettement était un système de financement fortement inflationniste car il reposait sur la création monétaire.

À partir de 1979, la lutte contre l'inflation devient l'objectif prioritaire des politiques économiques dans les pays industrialisés. À cette époque, la France doit mener une lutte drastique contre la hausse des prix car son différentiel d'inflation avec ses principaux concurrents lui est défavorable. Les économistes et les responsables politiques craignent alors que le maintien d'une économie d'endettement n'aggrave les difficultés de l'économie française. Cela suppose en priorité de ne plus monétiser le déficit public et, donc, la nécessité pour l'État de se financer sur le marché financier[20].

Dès lors, l'État entre en concurrence avec les grandes entreprises sur les marchés financiers. Il faut donc faire appel à l'épargne et aux fonds étrangers pour parer à une éventuelle pénurie d'épargne nationale. C'est pourquoi les contrôles sur les mouvements de capitaux et de change sont levés. Les marchés sont modernisés de façon à donner aux agents toutes les sécurités et tous les moyens d'arbitrage possibles.

3. Décloisonnement, déréglementation et désintermédiation

Jusqu'au milieu des années 1980, le marché des capitaux français était très *cloisonné* et réglementé :

20. La monétisation de la dette publique signifie que la banque centrale faisait des avances au Trésor public.

– le marché monétaire était inaccessible aux entreprises. Elles ne pouvaient échapper aux banques qui étaient en position de force pour l'accès aux fonds à court terme;
– les critères d'accès au marché des actions écartaient de fait les entreprises de taille moyenne qui pouvaient difficilement accroître leurs fonds propres;
– l'impossibilité de passer d'un marché à l'autre et la large différenciation des titres (faible substituabilité) conféraient une certaine étanchéité aux différents compartiments. Les taux qui se formaient sur un marché étaient relativement indépendants (faible concurrence).

Les réformes ont conduit à une relative *déréglementation* de l'accès à certains marchés, à l'ouverture croissante sur l'étranger ainsi qu'à la création de nouveaux « produits financiers » et du second marché. Elles permettent de mettre en place un marché plus unifié des capitaux, où se trouve comblé le vide entre marché à court terme et marché à long terme. Le *décloisonnement* des marchés doit permettre une réelle confrontation entre l'offre et la demande de capitaux, c'est-à-dire un accroissement de la concurrence sur le marché des fonds prêtables, et entraîner une meilleure allocation des ressources financières.

Ces réformes ont également conduit à une certaine *désintermédiation* bancaire, que nous avons analysée dans la partie consacrée au rôle des banques.

4. Un système plus efficace mais plus vulnérable

➤ L'élargissement de la gamme des instruments à la disposition des agents économiques a permis à ceux-ci d'avoir accès à des financements plus souples, moins coûteux et accompagnés de couvertures de risque.

➤ Les prix reflètent un peu plus les raretés relatives. Au contraire, la régulation administrative par les taux d'intérêt et la part importante des crédits bonifiés dans l'ensemble des crédits avaient, au cours des années 1970, laissé les taux d'intérêt réels à un niveau souvent négatif, créant des distorsions dans l'allocation des ressources.

➤ Il s'ensuit une discrimination à l'encontre de certains projets : rejet de certains risques, de certaines formes d'investissement et de certaines entreprises. Une série de critiques ont alors été formulées à l'encontre des évolutions des deux dernières décennies :
– les réformes ont peu bénéficié aux PME qui ont un accès limité aux marchés financiers, et ce en dépit de la création du second marché;
– sont particulièrement touchés les projets d'investissement les plus risqués, c'est-à-dire ceux qui sont liés à l'innovation, mais le financement des besoins plus traditionnels des PME (gestion de trésorerie) se fait aussi à des coûts plus élevés que celui des grandes entreprises qui peuvent avoir accès au marché monétaire.

➤ Les projets dégageant une faible rentabilité microéconomique à court terme mais ayant une forte «utilité sociale» à plus long terme sont également défavorisés dans leur accès au financement : infrastructures, expérimentation sociale, recherche fondamentale...

➤ La montée en puissance des placements financiers peut s'opérer au détriment de l'investissement productif (profits placés sur les marchés plutôt que réinvestis).

➤ Il faut aussi tenir compte des risques. En effet, les marchés financiers ont tendance à sur-réagir par rapport aux fluctuations de l'environnement. Contrairement à ce qui se passait en régime d'économie d'endettement, où les risques étaient mutualisés et pris en charge par les banques, une partie du risque est désormais assurée par les détenteurs de titres. Il faut alors faire attention aux effets rétroactifs des pertes subies par les agents sur les marchés : restriction de crédits de la part des banques, vente d'actifs financiers ou physiques afin de retrouver une certaine liquidité, faillites... Les pertes subies sur un marché peuvent se répercuter selon la logique de l'effet domino. De proche en proche – le risque de contagion étant accru par les comportements moutonniers[21] –, les perturbations financières affectent la sphère réelle (montée du chômage...). Les risques sont d'autant plus élevés que les moyens d'action stabilisateurs des banques centrales s'amenuisent.

21. En information imparfaite, le comportement le plus rationnel consiste souvent à «se caler» sur les comportements des agents réputés les mieux informés. Dès lors que se dégage une tendance, le plus rationnel est de la suivre.

Quels sont les effets potentiels de la spéculation sur les marchés financiers ?

La spéculation consiste à prendre un risque sur le marché financier dans l'espoir d'un gain ultérieur sous forme de plus-value. L'important, aux yeux du spéculateur, est moins la valeur réelle du titre (qui dépend des futurs profits d'une entreprise pour une action) que de prévoir comment les autres agents anticipent l'évolution du cours de l'actif qu'il possède. Il doit jouer le titre à la hausse s'il pense que les autres agiront dans ce sens, sinon il voit son titre se déprécier. Il s'ensuit que la spéculation provoque des « bulles », c'est-à-dire des écarts importants entre la valeur fondamentale du titre et sa cote à un moment donné. Cette activité peut être extrêmement déstabilisante d'un point de vue macroéconomique lorsqu'elle porte sur les monnaies ou les titres de la dette publique. Cela peut conduire les gouvernements et les banques centrales à mener des politiques excessivement rigoureuses, ce qui nuit à la croissance économique. Quand les « bulles » éclatent, il s'ensuit une crise de liquidité (tout le monde veut vendre en même temps) pouvant induire des faillites en cascade. Cependant, la spéculation est indispensable au bon fonctionnement de l'économie. Sur les marchés à terme ou les options, les agents cherchant à s'assurer contre certains risques ont peu de chances de pouvoir se couvrir si d'autres ne prennent pas le risque d'un pari inverse. Par ailleurs, la spéculation peut être stabilisatrice en cas de variations temporaires des cours. Les spéculateurs achètent (ou vendent) en effet un titre dont le cours baisse (monte) alors qu'ils estiment que cette évolution devra être rapidement corrigée. Ce faisant, le cours remonte (baisse) à un niveau proche de sa valeur initiale.

Retenir l'essentiel

Le financement de l'économie est assuré par deux circuits : le financement par les marchés et le financement intermédié. Il existe différents marchés qui couvrent les besoins de financement du court terme (marché monétaire) au long terme (marché financier). Sur les marchés, les agents peuvent nouer des contrats de dette (obligations à long terme et titres de créance négociables à court terme) et des contrats de fonds propres (actions). Le marché monétaire interbancaire occupe une place spéciale dans le système de financement car il est le théâtre de la politique monétaire de la banque centrale. Cette dernière influence le niveau des taux d'intérêt sur les marchés et sur les crédits par le biais des taux directeurs. Le système de financement sert aussi aux agents économiques à s'assurer contre la réalisation de certains risques économiques. Pour ce faire, ils ont recours aux produits dérivés (marchés à terme, options…). Le financement intermédié repose en partie sur les fonds collectés par les intermédiaires financiers (épargne contractuelle + emprunts sur les marchés) et en partie sur la création monétaire. Le financement intermédié permet de concilier les intérêts entre les emprunteurs et les prêteurs.

CHAPITRE 4

Les déterminants de la demande globale

Fiche 1
Consommation et épargne

La consommation finale constitue la part la plus importante de la demande globale. Ses variations exercent donc une influence décisive sur la croissance économique à court terme[1]. Les analyses des déterminants de la consommation conduisent nécessairement à des réflexions sur l'épargne puisque le revenu peut être consommé ou épargné.

Section 1. La fonction de consommation keynésienne

1. L'arbitrage consommation/épargne dans l'analyse keynésienne

D'un point de vue comptable, l'épargne est la part du revenu qui n'est pas consommée. Le cœur du débat réside dans le fait de savoir si le

1. Pour des précisions chiffrées, voir chapitre 1, fiche 2 («Les comptes de la nation»), tableaux statistiques.

comportement d'épargne des agents résulte d'un calcul stratégique (l'épargne obéit à des déterminants qui lui sont propres) ou s'il est simplement la résultante du comportement de consommation (celle-ci est première et l'épargne n'est qu'un résidu).

Keynes adopte le second point de vue. Il faut donc partir de l'interprétation de la consommation pour comprendre le ou les déterminants de l'épargne au niveau macroéconomique.

2. La consommation en fonction du revenu courant

La consommation au niveau macroéconomique dépend du revenu courant perçu pendant la période par les ménages. Si l'on appelle C la consommation, Y le revenu courant, a la propension marginale à consommer[2] et b la consommation incompressible, la fonction de consommation est : $C = aY + b$.

La *propension marginale* à consommer est positive et inférieure à 1. Cela implique que la consommation augmente lorsque le revenu s'accroît mais qu'une partie de la hausse du revenu est épargnée. Keynes considère également que la propension moyenne à consommer (C/Y) décroît quand le revenu s'élève.

Enfin, il estime que cette fonction est relativement stable à court et moyen termes.

3. Les conséquences de la fonction de consommation keynésienne

Les agents répondent à un accroissement de leur revenu disponible par une augmentation de la consommation. Plus les hausses de revenu touchent les catégories disposant des revenus les plus faibles, plus l'augmentation de la

2. C'est-à-dire l'augmentation de la consommation consécutive à une variation du revenu.

consommation sera forte. Ces considérations sont importantes pour l'analyse des politiques budgétaires de relance et des politiques de redistribution[3].

4. Les tests empiriques de la fonction de consommation keynésienne

Sur le court terme, il semble bien exister une corrélation entre la consommation et le revenu courant. On considère cependant, depuis les travaux de Simon Kuznets, que la propension marginale à consommer est plus élevée à long terme qu'à court terme et qu'elle équivaut à la propension moyenne. Ce résultat infirme l'hypothèse keynésienne selon laquelle la propension moyenne à consommer diminue lorsque le revenu augmente.

Section 2. Les approfondissements de la fonction de consommation keynésienne

Les résultats décevants des tests empiriques de la fonction de consommation keynésienne vont conduire à reformuler l'analyse des déterminants de la consommation. L'influence du revenu courant est plus faible, mais l'esprit keynésien est conservé : la consommation est première et l'épargne n'est qu'un résidu.

1. La prise en compte des habitudes de consommation

James S. Duesenberry avance l'hypothèse qu'il est plus facile d'augmenter la consommation lorsque le revenu s'élève que de la réduire lorsqu'il baisse du fait des habitudes de consommation. Dans les phases de récession, la consommation diminue moins que le revenu et la propension à consommer augmente.

3. Voir chapitre 4, fiche 2 (« L'investissement »), section 5 (« 1. L'influence de l'investissement sur la demande : la théorie du multiplicateur »), et l'étude de la politique budgétaire, chapitre 7, fiche 2, section 2 (« La politique budgétaire »).

Brown estime que cette hypothèse d'une irréversibilité de la consommation est excessive et introduit une simple inertie. La consommation met du temps à s'adapter aux baisses de revenu.

2. La théorie du revenu relatif

Duesenberry avance que la propension à consommer d'un ménage ne dépend pas uniquement de son revenu mais aussi de la consommation des ménages des catégories supérieures. Il existerait donc un effet de démonstration de la consommation des catégories les plus aisées. Les ménages les plus pauvres ont ainsi une propension à consommer plus importante que celle des revenus les plus élevés mais elle reste constante dans le long terme.

Les lois d'Engel

Le revenu influence non seulement le niveau de la consommation mais aussi sa composition. Ernst Engel, économiste et statisticien allemand, observait en 1857 l'évolution des dépenses de consommation en fonction du revenu. Les lois qu'il en a tirées énoncent comment se modifie la structure de la consommation lorsque le revenu des ménages augmente :

– *première loi :* la part du revenu affectée aux dépenses d'alimentation est d'autant plus faible que le revenu est élevé ;
– *deuxième loi :* la part consacrée aux dépenses d'habillement, de logement, de chauffage et d'éclairage est sensiblement identique quel que soit le niveau de revenu ;
– *troisième loi :* la part destinée aux besoins d'éducation, de santé et de voyage augmente plus vite que le revenu.

Le constat d'Engel a été corroboré par d'autres observations concernant d'autres époques et d'autres lieux. Cette tendance n'empêche pas qu'il existe des différences de structure de consommation entre catégories sociales ou entre pays, à revenus identiques. La part des dépenses de consommation alimentaire est plus élevée en France qu'aux États-Unis, à revenus identiques. Les ouvriers consacrent une part plus importante à l'alimentation, à revenu égal, que les employés. Si certaines variables économiques permettent d'expliquer ces différences, les sociologues estiment en général qu'il faut aussi faire intervenir la culture et d'autres éléments de l'analyse sociologique.

Section 3. La consommation envisagée dans un cadre inter-temporel

1. Un retour sur les motifs de l'épargne

L'analyse du comportement d'épargne proposée par Keynes est assez fruste. Les travaux ultérieurs vont au contraire revenir à des analyses plus proches des conceptions des économistes néoclassiques. L'épargne est constituée en vue d'une demande de biens futurs. L'individu rationnel cherche à optimiser sa consommation sur le long terme. L'agent peut également être motivé par la volonté d'atteindre et de maintenir un certain niveau de richesse, pour des raisons de précaution et par la volonté de transmettre un héritage. Dans ces conditions, dire que la consommation est première et que l'épargne est un résidu ne suffit pas.

2. La théorie du revenu permanent

a) L'analyse de Friedman

Friedman considère que les ménages prennent leurs décisions de consommation en fonction de leur *revenu permanent*, c'est-à-dire de la valeur actualisée des revenus qu'ils peuvent tirer de leur patrimoine. On peut aussi considérer qu'il s'agit du revenu que l'agent peut consommer en laissant sa richesse inchangée.

Le revenu d'une période est donc constitué d'une composante permanente et d'une composante transitoire. Pour Friedman, la seule relation stable que l'on peut observer est celle qui existe entre le revenu permanent et la consommation. Il en résulte qu'une hausse du revenu n'aboutira à une augmentation de la consommation que si les individus anticipent le fait qu'elle est permanente. Dans le cas contraire, ils épargnent le revenu supplémentaire perçu.

b) L'équivalence ricardienne

Robert Barro prolonge ces analyses en intégrant les *anticipations rationnelles* des agents pour étudier les conséquences d'une politique budgétaire et fiscale de relance. Il attribue l'analyse qu'il propose à David Ricardo (d'où l'expression « équivalence ricardienne » [4]). Lorsque l'État augmente les dépenses publiques ou diminue les impôts avec une volonté de relancer la consommation, les agents anticipent une hausse future de la fiscalité afin de résorber l'endettement public. Ils considèrent donc que la hausse du revenu consécutive à la politique de relance est transitoire et ils accroissent leur épargne de précaution. Cette épargne est d'autant plus forte que les agents désirent protéger la richesse de leurs héritiers (hypothèse de l'altruisme intergénérationnel).

3. L'analyse en termes d'encaisses réelles (Don Patinkin)

La monnaie est une composante de la richesse des agents. Ils désirent détenir un certain montant d'encaisses réelles (qui correspond à un certain pourcentage de leur patrimoine) [5]. Si le niveau général des prix augmente, la valeur des encaisses réelles des agents diminue. Pour restaurer la valeur de leurs encaisses, les agents réduisent leur consommation. À l'inverse, si les prix baissent, les encaisses réelles augmentent (le pouvoir d'achat) et les ménages accroissent leur consommation.

4. L'analyse du cycle de vie de Franco Modigliani

a) Le modèle initial

Modigliani reprend l'hypothèse que les agents s'efforcent d'optimiser leur consommation sur le long terme. Ils doivent tenir compte du fait que leur revenu disponible subit des fluctuations en fonction des périodes successives d'activité et de non-activité. Le cycle de vie peut être découpé en trois grandes périodes :
– la vie non active (période des études). L'agent peut néanmoins consommer grâce à des revenus de transfert et en s'endettant ;

4. On parle également d'analyse néo-ricardienne.

5. C'est-à-dire le rapport entre la monnaie qu'ils conservent et le niveau général des prix.

– la vie active : l'agent constitue son patrimoine. Les jeunes ménages s'endettent pour faire face aux dépenses d'installation puis ils épargnent afin de pouvoir maintenir leur niveau de consommation pendant la retraite ;
– la retraite : les revenus des agents diminuent par rapport à ceux qu'ils percevaient durant leur vie active mais le patrimoine accumulé leur permet de maintenir leur consommation.

Tous les agents ne sont pas jeunes actifs ou retraités en même temps. Les trois « générations » cohabitent simultanément et le comportement global de consommation et d'épargne sur une période donnée dépend nécessairement de l'agrégation des comportements de ces trois générations.

Modigliani estime que le taux d'épargne dépend principalement des taux de croissance économique, des taux de rendement du patrimoine (qui influencent le revenu) et du taux de croissance démographique. Ce dernier doit être complété par la prise en considération du poids relatif de la période de retraite dans la totalité de la vie, ainsi que du rapport actifs/inactifs. La consommation dépend, dans ces conditions, du patrimoine des ménages.

L'effet des taux d'intérêt est ambigu. En effet, une hausse des taux incite les ménages à épargner davantage (et, donc, à réduire leur consommation) mais ils sont également poussés à consommer davantage car ils peuvent atteindre un niveau de richesse identique pour un effort d'épargne moindre (effet revenu).

b) Les perfectionnements du modèle

Les tests de la théorie du cycle de vie ne sont pas totalement concluants et incitent à apporter des modifications sensibles au modèle de base.

➤ Il n'y a pas réellement de désépargne à l'âge de la retraite. Cela suggère que la constitution d'un patrimoine répond autant à la volonté de transmettre un héritage qu'à celle de disposer de revenus à la retraite. Cela peut également correspondre à des incertitudes liées à la durée de vie.

➤ La théorie du cycle de vie suppose que tous les éléments du patrimoine peuvent être facilement transformés en liquidités afin de financer la consommation. Elle suppose également que les agents peuvent toujours s'endetter pour financer leur consommation en anticipant sur des revenus futurs plus élevés. Or certains agents peuvent connaître des contraintes d'endettement qui réduisent leurs capacités de consommation ainsi que l'horizon de leurs calculs (taux d'intérêt élevés, situations de chômage). Dans ces conditions, la consommation devient plus sensible au revenu courant que ne le supposent les théories du cycle de vie et du revenu permanent.

➤ Il faut aussi prendre en compte les conséquences des interventions de l'État providence. Les mécanismes de socialisation des dépenses de santé et de retraite réduisent les efforts d'épargne de précaution. En revanche, les difficultés financières rencontrées pour financer les dépenses de protection sociale sont de nature à augmenter cette épargne de précaution. Le durcissement des conditions d'accès aux différentes prestations va dans le même sens.

Retenir l'essentiel

Aucune analyse théorique ne semble aujourd'hui en mesure d'expliquer de façon satisfaisante les évolutions de la consommation. Il ressort des travaux empiriques que, dans certaines configurations, les analyses keynésiennes paraissent pertinentes à court terme : la consommation répond aux variations du revenu courant. À long terme, il semble essentiel de prendre en compte un grand nombre de variables dont l'influence est difficile à quantifier car elle dépend des anticipations des agents, confrontés à de nombreuses incertitudes (durée de vie, capacités d'endettement, évolutions de la fiscalité). Enfin, il apparaît nécessaire de tenir compte du fait que les ménages n'épargnent pas uniquement pour des motifs égoïstes mais qu'ils désirent aussi transmettre un patrimoine à leurs descendants.

Fiche 2
L'investissement

Section 1. Retour sur les analyses microéconomiques de l'investissement

1. Les différentes formes de l'investissement

L'investissement prend la forme de l'achat de capital technique.

a) L'investissement de remplacement

Il s'agit d'un investissement destiné à remplacer le capital technique usé ou obsolète. L'investissement de remplacement n'est donc pas nécessairement réalisé à technologie constante et il permet l'introduction du progrès technique.

b) L'investissement de capacité

Il vise à accroître les capacités de production pour répondre à une augmentation de la demande.

c) L'investissement de productivité (ou de rationalisation)

Il permet des gains de productivité dans le but de réduire les coûts de production. Il est très sensible à long terme aux évolutions des prix relatifs des facteurs de production. Lorsque le coût du travail augmente plus rapidement que celui du capital, les entreprises sont incitées à substituer du capital technique au travail.

L'investissement prend de plus en plus une forme *immatérielle* : investissements de recherche-développement, de formation, en logiciels… Ces dépenses sont effectivement destinées à accroître l'efficacité des entreprises et, donc, leur compétitivité.

Un élargissement du concept de « formation brute de capital fixe » (FBCF)

À partir de 1995, la notion de formation brute de capital fixe (FBCF) a été élargie aux logiciels, aux dépenses de prospections minières, aux œuvres littéraires ou artistiques et aux dépenses militaires pouvant servir à des fins civiles (aérodromes, routes, hôpitaux, camions). Ces dépenses étant auparavant classées en consommations intermédiaires, il en a résulté une augmentation du PIB. Les dépenses de recherche et de développement ne sont toujours pas prises en compte dans le calcul de la FBCF. Cette notion est donc plus restreinte que celle d'investissement à laquelle se réfèrent les économistes dans leurs travaux théoriques.

2. La détermination du volume d'investissement

Une entreprise investit si elle en ressent le besoin. Les différentes formes d'investissement permettent d'en rendre compte. Elle doit remplacer ses équipements vieillissants, mais aussi adapter ses capacités de production à la demande. Cependant, l'entreprise doit anticiper une hausse durable de la demande, sinon elle cherchera à augmenter le taux d'utilisation de ses capacités de production. En effet, l'investissement ne peut être rentabilisé sur une seule période. Enfin, la firme investit pour consolider ou restaurer sa position compétitive sur le marché. Plus le coût du travail augmente par rapport à celui du capital, plus elle sera incitée à substituer du capital au travail et, donc, à adopter des techniques de production plus capitalistiques. La pression concurrentielle pousse également les firmes à faire de gros efforts en termes d'investissements immatériels.

Cependant, l'entreprise doit être en situation de pouvoir investir. Il faut donc prendre en compte le taux de marge (rapport de l'excédent brut d'exploitation sur la valeur ajoutée), le partage de la valeur ajoutée entre salaires et profits, la capacité d'autofinancement et le taux d'endettement.

Le coût de l'investissement est aussi un déterminant important. Il dépend du coût du capital mais également des taux d'intérêt lorsque l'entreprise doit s'endetter.

Enfin, l'investissement productif doit être plus attractif que les placements financiers.

L'investissement au niveau macroéconomique est le résultat de l'agrégation des investissements réalisés par les firmes. Il n'existe pas nécessairement de liens directs entre les déterminants micro- et macroéconomiques de l'investissement. Ainsi, un partage de valeur ajoutée en faveur des profits permet aux firmes de financer plus facilement l'investissement mais il peut déprimer la consommation et, donc, le niveau de la demande globale. Les investissements de productivité peuvent provoquer les mêmes effets à court et moyen termes lorsqu'ils amplifient le chômage. Les sections suivantes abordent ainsi la question des déterminants de l'investissement au niveau macroéconomique.

Section 2. L'influence de la demande de biens de consommation : la théorie de l'accélérateur

I. Le mécanisme de l'accélérateur

Le principe de l'accélérateur proposé par Albert Aftalion (1909) repose sur l'hypothèse qu'il existe une relation stable entre le niveau de la production (et, donc, de la demande) et le niveau de capital nécessaire (coefficient de capital). Dans ces conditions, l'investissement sur une période est le produit de l'accroissement de la demande par le coefficient de capital.

Il résulte de cette relation que les fluctuations de l'investissement sont plus amples que celles de la demande. Il n'est pas nécessaire que celle-ci diminue pour que l'investissement se réduise d'une période à l'autre ; il suffit que la demande croisse moins vite.

Les données empiriques suggèrent effectivement que les variations de l'investissement sont influencées par celles de la production et, donc, de la demande. Toutefois, elles montrent que l'accélérateur surestime la sensibilité des variations de l'investissement à celles de la production.

Taux d'utilisation des capacités de production et taux d'investissement

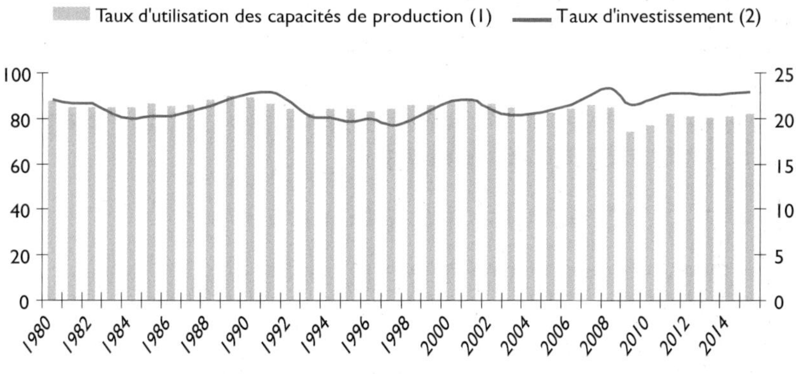

(1) France, industrie *(http://www.insee.fr/fr/themes/info-rapide.asp?id=12)*.
(2) France, Sociétés non financières, hors entreprises individuelles *(http://www.insee.fr/fr/themes/theme.asp?theme=16&sous_theme=4.1)*.

Source : INSEE, comptes nationaux – base 2010.

2. La critique du mécanisme

Les hypothèses sur lesquelles repose le principe de l'accélérateur sont restrictives et expliquent pourquoi il ne peut rendre compte de toutes les variations de l'investissement :

– le coefficient de capital n'est pas constant. À long terme, il est modifié sous l'effet de l'évolution des technologies, lesquelles sont influencées par l'évolution du prix relatif des facteurs de production ;
– on n'assiste pas réellement, comme le suppose la théorie, à un désinvestissement en période de récession. Le désinvestissement représente un coût très important qui incite les firmes à retarder le plus possible cette solution radicale;
– les ajustements du capital sont étalés dans le temps alors qu'ils sont immédiats dans le cas de l'accélérateur ;
– les firmes ne répondent pas toujours à la hausse de la demande par une augmentation de la production. L'ajustement peut se faire par l'ajustement des prix;
– le principe de l'accélération repose sur l'investissement induit par les variations de la demande. Une partie de ce dernier est autonome (par exemple, pour le lancement d'un nouveau produit).

Le modèle d'accélération ne permet pas d'expliquer à lui seul les évolutions de l'investissement. La prise en compte d'autres facteurs améliore fortement sa portée explicative.

Section 3. La prise en compte des prix relatifs des facteurs et du profit

1. Les prix relatifs des facteurs

Dans un monde de concurrence pure et parfaite où les mécanismes de marché assurent l'équilibre, les entreprises ne sont contraintes ni par les débouchés, ni par les moyens de financement, de sorte que l'investissement est déterminé par les prix relatifs des facteurs. Dans la réalité, la concurrence n'est pas parfaite et les prix des facteurs ne permettent pas d'expliquer les variations de l'investissement en volume. En revanche, ils permettent d'éclairer de manière significative la composition de l'investissement (parts respectives des investissements de productivité et de capacité).

2. Les profits

Le profit est la raison d'être de l'investissement mais aussi un moyen de financement particulièrement apprécié (l'autofinancement qui limite l'endettement). Cependant, les études empiriques qui tentent de relier les variations de l'investissement à celles du profit aboutissent le plus souvent à des résultats décevants. Cela s'explique par les effets contradictoires exercés sur la demande, que nous avons évoqués à la fin de la section 1.

Les modèles combinant les profits et l'accélérateur comme variables explicatives de l'investissement ont donné d'excellents résultats jusqu'au début des années 1990. Depuis, ils sont plus décevants.

Section 4. L'influence des taux d'intérêt

L'investissement doit être rentable. Plus précisément, il doit constituer une stratégie plus rentable que toutes les stratégies alternatives. C'est pourquoi le taux d'intérêt apparaît comme une variable clé de l'investissement.

➤ Le taux d'intérêt pèse sur les coûts de l'investissement. Plus il est faible, plus les projets d'investissement sont rentables. L'effet de levier de l'investissement augmente également (voir encadré ci-dessous).

➤ Plus le taux d'intérêt est élevé, plus l'entreprise subit un fort coût d'opportunité, équivalant aux intérêts qu'elle aurait perçus en plaçant ses fonds (placements financiers) plutôt qu'en procédant à un investissement productif. La décision d'investissement repose donc sur les anticipations relatives à la rentabilité de l'investissement mais aussi des placements financiers. Les comportements spéculatifs sur les marchés monétaires et financiers peuvent expliquer les difficultés actuelles à prévoir les fluctuations de l'investissement.

L'effet de levier de l'endettement

Un investisseur cherche à maximiser la rentabilité financière de son placement, c'est-à-dire le rapport entre le résultat net de ce placement et les capitaux propres qu'il a engagés. En général, l'autofinancement total d'un investissement n'est pas une bonne stratégie car il limite les projets auxquels peut avoir accès l'investisseur. L'endettement permet l'acquisition d'un actif (capital technique, immobilier, valeurs mobilières…) avec un apport limité en capitaux propres. L'investisseur peut alors espérer un **effet de levier**, c'est-à-dire une augmentation de la rentabilité de ses capitaux propres. Cet effet est d'autant plus fort que la rentabilité économique de la totalité des capitaux engagés (résultat d'exploitation / actif économique) est supérieure au taux d'intérêt des capitaux empruntés. Cependant, en contrepartie, les risques supportés s'accroissent avec le taux d'endettement. Si les résultats ne sont pas ceux escomptés (retournement de la conjoncture ou erreurs d'anticipation), l'effet de levier peut ainsi être négatif. On parle alors d'**effet massue** ou d'**effet boomerang**.

Néanmoins, les arguments théoriques plaident en faveur d'une relation inverse entre l'investissement et le taux d'intérêt.

L'investissement en fonction du taux d'intérêt

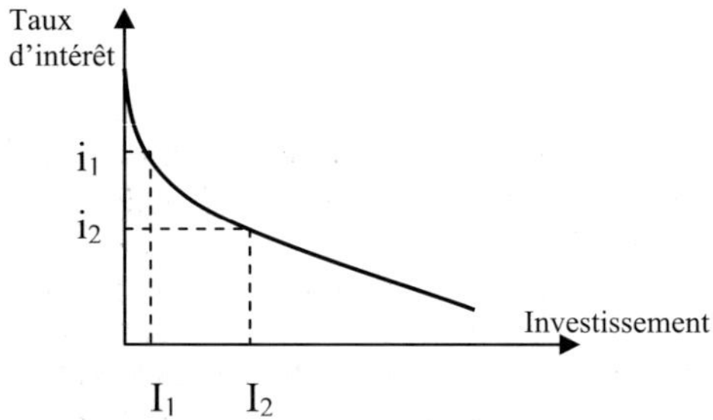

Principaux ratios des comptes des sociétés non financières (en %)

	1990	2000	2006	2007	2008	2009	2010	2011	2012	2013	2014
Rémunération salariés / valeur ajoutée brute	64,6	63,3	64,0	63,1	63,5	65,2	65,4	65,3	66,0	66,3	67,2
Impôts sur la production/ valeur ajoutée brute	3,8	5,0	5,0	5,1	5,1	5,6	4,9	5,1	5,3	5,6	5,7
Taux de marge EBE / VA	33,2	32,7	32,7	33,5	33,1	30,9	31,6	31,2	30,2	29,7	29,4
Taux d'investissement = FBCF / VA	22,7	21,9	21,5	22,6	23,3	21,5	22,1	22,7	22,7	22,8	23,1
Taux d'autofinancement = EB / FBCF	76,4	89,3	85,4	85,8	72,1	77,7	85,6	80,3	72,3	73,7	74,9

EBE : excédent brut d'exploitation ; VA : valeur ajoutée ; EB : épargne brute.

Source : INSEE, comptes nationaux – base 2010.

Section 5. Les effets de l'investissement

L'investissement exerce des effets sur la demande mais aussi sur l'offre.

1. L'influence de l'investissement sur la demande : la théorie du multiplicateur

Un accroissement exogène (c'est-à-dire non suscité par une hausse de la demande) de l'investissement augmente la demande adressée aux entreprises productrices des biens de production (le capital technique) et conduit à la mise en place d'un capital productif supplémentaire. Il en résulte une augmentation des revenus des salariés qui stimule la consommation. L'accroissement de la demande impulse une nouvelle hausse de l'investissement et de la production et, donc, de l'emploi et des revenus distribués. L'augmentation initiale de l'investissement se traduit par une hausse du revenu national supérieure au montant de cet investissement. C'est la théorie du multiplicateur d'investissement.

Le multiplicateur d'investissement

Mathématiquement, le multiplicateur d'investissement se formule de la façon suivante :

si ΔI est l'accroissement initial de l'investissement et ΔY l'augmentation du revenu :

$$\Delta Y = k.\Delta I$$

avec $k = 1/(1 - a)$ où a est la propension à consommer.

Plus la propension à consommer est élevée, plus le multiplicateur est important. À l'inverse, plus la propension marginale à épargner est élevée, plus le multiplicateur est faible.

L'effet multiplicateur dépend de la propension marginale à consommer (voir encadré ci-dessus). En effet, si les salariés épargnent la majeure partie des revenus supplémentaires, l'effet d'entraînement de la demande globale est beaucoup plus faible. Les analyses de la consommation (voir fiche 1) ont montré qu'elle ne répond pas nécessairement à une augmentation du revenu courant.

Le multiplicateur dépend aussi de la propension à importer. Plus l'accroissement de la consommation alimente les importations, plus l'augmentation de la demande adressée aux entreprises nationales est faible, ce qui amoindrit l'effet d'entraînement de l'investissement.

Le multiplicateur fonctionne également à la baisse. Une diminution de l'investissement peut conduire à une contraction du revenu national et à une augmentation du chômage. Or l'investissement est la composante la plus instable de la demande globale. Les fluctuations de l'investissement apparaissent comme la principale source des mouvements conjoncturels.

2. L'influence de l'investissement sur l'offre

L'investissement accroît les capacités de production et permet d'introduire les progrès technologiques, source de gains de productivité et de création de nouveaux produits. Il constitue donc un déterminant essentiel de l'efficacité productive et de la compétitivité des firmes. Ainsi, si ses effets sur la demande sont décisifs pour la croissance à court terme, ses conséquences sur l'offre sont la principale source de la croissance économique à long terme [6].

Cependant, l'influence de l'investissement sur la croissance à long terme est limitée en l'absence de progrès technique car on bute sur les rendements décroissants (voir partie 2, chapitre 2).

Retenir l'essentiel

Les déterminants de l'investissement sont multiples. Sur le plan macroéconomique, les explications faisant intervenir le niveau de la demande globale doivent être complétées par la prise en compte de la situation financière des entreprises, des taux d'intérêt et des prix relatifs des facteurs. Aucune variable ne permet à elle seule d'expliquer les évolutions de l'investissement. Celui-ci exerce un effet important sur la demande (modèle du multiplicateur). Ses variations sont la principale source des variations conjoncturelles de l'activité. L'investissement permet par ailleurs d'augmenter les capacités d'offre et de renforcer la compétitivité des entreprises.

6. Certes, l'investissement de productivité réduit l'emploi à court terme pour un niveau donné de l'activité. Pour les effets globaux à long terme, voir partie 2, chapitre 2.

Partie 2

Les principaux enjeux économiques

CHAPITRE 1

La croissance économique

La croissance économique se définit comme l'augmentation sur le long terme de la production. Cependant, c'est un phénomène complexe qui s'accompagne de transformations profondes de la société (changements structurels).

La croissance économique suppose que soient réunies :
– des conditions économiques : émergence de l'industrie, système de financement efficace, main-d'œuvre suffisante ;
– des conditions institutionnelles et culturelles : existence d'un droit des contrats, stabilité politique, attitudes favorables aux progrès technologiques…

Nous nous contenterons ici d'étudier l'influence des facteurs de production (fiche 1).

Les analyses théoriques cherchent à modéliser les phénomènes de croissance afin de permettre une quantification des principaux facteurs et de répondre à certaines questions cruciales : une croissance équilibrée et durable est-elle possible ? Quelles sont les politiques économiques qui permettent d'atteindre un tel objectif ? Nous aborderons ces questions à partir des débats sur la croissance équilibrée et l'étude des apports de la croissance endogène (fiche 2).

La croissance ne constitue pas un objectif en soi. On en attend l'amélioration des conditions de vie des populations. L'heure n'est plus à l'optimisme béat d'après-guerre. Si la croissance semble inéluctable pour résoudre certaines difficultés, elle n'est pas une condition suffisante et elle engendre par ailleurs des effets pervers. La fiche 3 sera consacrée à l'étude de certaines conséquences de la croissance économique.

Fiche 1
Les facteurs de la croissance

Section 1. La croissance économique à court terme

À court terme, les capacités de production installées déterminent la croissance potentielle, c'est-à-dire la croissance maximale que l'on peut atteindre grâce au plein emploi des capacités de production. La croissance de court terme dépend donc de l'évolution de la demande globale. Son augmentation oblige les entreprises à produire plus.

1. La consommation et l'investissement

Les évolutions de la consommation (principe de l'accélérateur) et de l'investissement (principe du multiplicateur) exercent alors des effets décisifs qui ont été discutés dans le chapitre 4 de la première partie.

De nombreux modèles théoriques expliquent les cycles économiques à partir des fluctuations de l'investissement car c'est la composante la plus volatile de la demande globale (Kalecki, Kaldor, Samuelson, Hicks). Cela est dû à l'incertitude dans laquelle sont les entreprises lorsqu'elles forment leurs anticipations relatives aux évolutions de la demande globale [1] et de la rentabilité du capital.

2. Le commerce extérieur

En économie ouverte, il faut aussi tenir compte du commerce extérieur. À court terme, les variables structurelles dont dépend la compétitivité sont données (coûts de production, qualité de la spécialisation et des produits). Les exportations et la demande interne captée par les entreprises nationales sont fonction du taux de change et de la croissance économique à l'étranger.

---

1. C'est-à-dire la somme, au niveau macroéconomique, de la consommation de l'investissement, des dépenses publiques, des exportations et des variations de stocks.

3. La politique économique

La politique économique peut également permettre de rapprocher la croissance effective de la croissance potentielle. Celle-ci fait l'objet de nombreux débats qui seront abordés plus loin (chapitres 6 et 7).

Section 2. La croissance économique à long terme

L'augmentation de la demande ne garantit pas une croissance économique durable. Le potentiel de croissance économique dépend des capacités d'offre.

1. Le volume des facteurs de production

a) Le capital technique

Le capital technique permet d'améliorer l'efficacité du travail. L'accroissement du volume de capital favorise donc une hausse de la production.

L'accumulation du capital nécessite des vagues d'investissement et, donc, une épargne destinée à le financer. Cela suppose, par conséquent, une réduction à court terme de la consommation pour une croissance plus élevée dans le futur.

Toutefois, l'augmentation de la production ralentit au fur et à mesure que l'on accumule du capital, en raison des rendements factoriels décroissants. En effet, le capital technique accroît la productivité des travailleurs mais cet effet positif s'amenuise de plus en plus à mesure que les différents postes de travail sont équipés. C'est ce que traduit le graphique suivant.

Stock de capital et niveau de la production

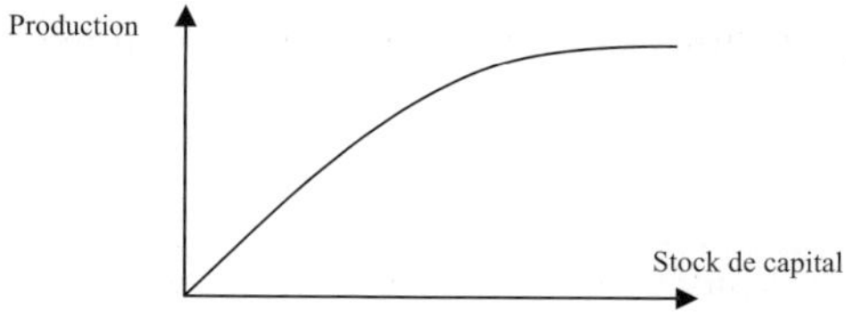

Dans ces conditions, une hausse du taux d'épargne permet effectivement un accroissement de l'investissement et du taux de croissance. À long terme, le revenu par travailleur sera plus élevé mais le taux de croissance n'augmentera pas en l'absence de progrès technique.

b) Le travail

Une hausse du volume de travail permet également d'augmenter la production. À long terme, le volume de travail dépend de la croissance démographique. À court et moyen termes, il faut tenir compte du taux d'activité (rapport actifs/inactifs) et de la durée du travail.

Cependant, la loi des rendements décroissants s'applique aussi au travail, de sorte que la production augmente de plus en plus faiblement au fur et à mesure que le volume de travail s'accroît.

2. L'augmentation de la productivité des facteurs

Les analyses qui précèdent nous conduisent à la conclusion que l'augmentation du volume des facteurs de production ne permet pas une croissance durable. La hausse continue de la productivité des facteurs est indispensable pour que l'économie poursuive sa croissance à long terme. Le progrès technique est donc un facteur nécessaire de la croissance économique à long terme. Une avancée technologique unique permet d'augmenter le potentiel de croissance mais, rapidement, l'efficacité des nouvelles techniques bute sur les rendements décroissants. Le progrès technique doit donc être continu pour exercer des effets positifs à long terme.

Si l'investissement favorise l'émergence de progrès technologiques et leur incorporation au processus productif, la hausse du taux d'épargne peut alors avoir un effet durable sur la croissance économique.

Les facteurs de la croissance économique française à long terme

Jean-Jacques Carré, Paul Dubois et Edmond Malinvaud ont cherché à mettre en évidence les facteurs explicatifs de la croissance économique française sur longue période. Leurs analyses corroborent les conclusions de Robert Solow, ainsi que celles d'Edward F. Denison portant sur les États-Unis. L'accroissement du volume des facteurs explique une faible part de la croissance économique. Le « résidu » en explique la moitié. Par ailleurs, il faut tenir compte de l'impact non négligeable de l'amélioration de la qualité du travail et du rajeunissement du capital. Le tableau ci-dessous illustre ces enseignements.

Néanmoins, les études statistiques fondées sur l'utilisation des fonctions de production présentent des limites importantes. Elles ne parviennent pas à rendre compte de l'influence des changements structurels et institutionnels qui ont favorisé et accompagné la croissance économique.

Analyse des contributions à la croissance française sur longue période (en % annuels)

Composante dont l'effet est évalué	Période de 1951 à 1969	Sous-périodes			Très longue période de 1913 à 1963
		1951-1957	1957-1963	1963-1969	
PIB	5,0	4,7	5,1	5,1	2,1
Emploi dans les branches (nombre d'hommes années)	–	– 0,2	–	0,3	– 0,1
Durée du travail	– 0,1	–	–	– 0,3	– 0,3
Qualité du travail (âge, instruction et intensité du travail)	0,4	0,4	0,4	0,5	0,6
Migrations professionnelles	0,6	0,5	0,6	0,5	0,3
Volume du capital net	1,1	0,8	1,1	1,3	0,5
Rajeunissement du capital	0,4	0,3	0,4	0,4	–
Intensité de la demande	0,1	0,3	– 0,1	0,1	–
Résidu	2,5	2,6	2,7	2,3	1,1

Source : J.-J. Carré, P. Dubois et E. Malinvaud, *Abrégé de la croissance française*, Seuil, coll. « Points économie », 1984.

Retenir l'essentiel

À court terme, la croissance dépend de la demande globale lorsque celle-ci est inférieure à la croissance potentielle. À long terme, la croissance économique est fonction de l'augmentation des capacités d'offre. En l'absence de progrès technique, la croissance s'annule à long terme.

Fiche 2
Les analyses théoriques de la croissance économique

Section 1. Les débats sur la croissance équilibrée

1. Le pessimisme keynésien

Pour être équilibrée et régulière, la croissance économique doit valider les anticipations des entrepreneurs. Il faut en effet que la croissance de la demande corresponde à celle de l'offre (Evsey Domar). Or rien ne garantit que l'agrégation des comportements individuels conduise au taux de croissance espéré (Roy Harrod). Si la croissance est plus faible, les entreprises réduisent leurs investissements et l'emploi, ce qui peut induire une dynamique récessive. Dans le cas contraire, les entreprises accroissent leurs investissements et l'augmentation de la demande peut générer de l'inflation. Par ailleurs, même lorsque le taux de croissance attendu est au rendez-vous, il n'est pas certain que la croissance économique soit suffisante pour absorber la totalité de la main-d'œuvre. Selon Harrod, l'instabilité est une caractéristique essentielle des économies de marché. La croissance équilibrée et régulière suppose, dans ces conditions, des interventions de l'État (*via* la politique conjoncturelle notamment).

Les économistes de Cambridge (Kaldor, Robinson) ont tenté de nuancer les analyses pessimistes de Harrod et Domar. Les propensions à épargner des salariés (s_w) et des capitalistes (s_c) sont différentes, avec $s_w < s_c$. Le taux d'épargne global dépend donc de la répartition entre salaires et profits. Il existe une valeur du taux de profit qui permet de respecter les conditions de la croissance équilibrée. Si la croissance est trop forte, l'inflation réduit la part des salaires et augmente donc les profits ainsi que la propension à épargner. Le recul de la demande permet alors une réduction de l'activité. Si la croissance est trop faible, la déflation accroît la part des salaires dans la valeur ajoutée et diminue la propension à épargner. Il en résulte une hausse de la demande et, donc, de la croissance. Nicholas Kaldor estime que l'État peut favoriser l'émergence d'un régime de croissance équilibrée et stable en mettant en place, grâce aux négociations centralisées, une politique de revenus permettant d'atteindre une répartition optimale.

La politique des revenus

La politique des revenus poursuit des objectifs sociaux (recherche de l'équité) et des objectifs de régulation macroéconomique (lutte contre l'inflation et le chômage, compétitivité). Cela implique que l'État parvienne à discipliner la formation des prix et des différents revenus. Il dispose de moyens d'intervention variés : contraignants (blocage, contrôle), coopératifs (politique contractuelle avec les partenaires sociaux) ou directs (SMIC, salaires dans la fonction publique). Cette politique a connu ses heures de gloire de la fin de la Seconde Guerre mondiale à la fin des années 1970. Elle s'est cependant avérée inefficace dans la lutte contre l'inflation et incapable de contenir la montée du chômage de masse dans le contexte de la mondialisation. Depuis les années 1980, le mot d'ordre est plutôt de restaurer un fonctionnement des mécanismes de marché libérés de toute intervention de l'État de façon que les revenus reflètent davantage les performances économiques des divers acteurs.

2. L'optimisme néoclassique

R. Solow a tenté de démontrer, à partir d'un modèle de concurrence pure et parfaite, que la croissance équilibrée et stable était possible. Il relève que les keynésiens négligent une propriété essentielle des techniques de production à long terme : la substituabilité entre les facteurs de production.

Celle-ci permet un retour aux conditions de la croissance équilibrée en cas de chocs exogènes, à savoir :
– face à une augmentation du taux de croissance démographique, le plein emploi requiert davantage d'emplois. Tel sera le cas si les prix des facteurs de production sont flexibles, c'est-à-dire si le coût relatif du travail baisse. Les entreprises sont alors incitées à mettre en œuvre des techniques de production plus riches en travail jusqu'au retour du plein emploi ;
– une hausse du taux d'épargne provoque une diminution des taux d'intérêt qui stimule l'investissement. On observe une augmentation du volume de capital jusqu'au retour de l'équilibre.

R. Solow en conclut qu'il existe un principe régulateur qui restaure les conditions de la croissance équilibrée dès lors que les prix des facteurs de production sont flexibles, c'est-à-dire à condition qu'aucune réglementation ne vienne perturber les mécanismes de marché.

Section 2. Les théories de la croissance endogène

Le traitement du progrès technique dans les théories économiques n'est pas aisé. R. Solow considérait ce dernier comme un résidu, c'est-à-dire comme la part de la croissance non expliquée par le travail et le capital, une «*manne tombée du ciel*». Il est alors impossible d'expliquer l'émergence du progrès technique par des facteurs économiques. On peut certes considérer qu'il est la conséquence des investissements de recherche et développement des entreprises et qu'il constitue une source de rendements croissants. Cependant, les firmes qui bénéficient de rendements croissants voient leurs avantages se renforcer au cours du temps. La concurrence est alors affaiblie, ce qui ne favorise pas la croissance économique. Les théories de la croissance endogène apportent une solution à ces difficultés en estimant que l'influence du progrès technique s'exerce à travers des externalités positives.

I. Les externalités positives et la croissance économique

On parle d'externalité (ou d'effet externe) lorsque l'action d'un agent affecte le bien-être ou l'efficacité d'un ou de plusieurs autres agents sans qu'il en perçoive une rémunération si l'effet est positif ou qu'il en assume le coût en cas d'effet négatif.

Si les investissements réalisés par un agent affectent positivement l'efficacité des autres agents, les rendements ne sont plus décroissants au niveau macroéconomique et la croissance économique apparaît comme un processus auto-entretenu.

■ *Exemples*

– La mise au point de nouveaux matériaux dans l'industrie aéronautique a trouvé des applications dans l'industrie textile afin de proposer des vêtements chauds et légers.

– L'installation d'une grande entreprise dans une région bénéficie aux commerçants, qui voient arriver de nouveaux clients, et aux concurrents, qui profiteront d'un marché spécialisé et de nouvelles compétences.

2. Les sources de la croissance endogène

a) L'accumulation du capital (Paul Romer)

Lorsqu'une entreprise accumule du capital, elle accumule également des connaissances grâce à la pratique (effet de *learning spillover* ou effet d'apprentissage en français). Les autres entreprises en profitent grâce à la circulation de l'information.

Les investissements d'industries complémentaires renforcent l'efficacité de l'ensemble. Ainsi, l'industrie ferroviaire utilise des produits sidérurgiques, mais la sidérurgie sera plus efficace si elle peut compter sur le chemin de fer pour le transport de ses produits.

b) Les innovations technologiques (P. Romer)

Les innovations technologiques profitent à la collectivité grâce aux brevets (l'acquisition d'un brevet est moins onéreuse que la recherche). Elles trouvent aussi des applications dans d'autres activités, ce qui engendre de nouveaux marchés.

c) Le capital humain (Robert Lucas)

Un individu qualifié sera d'autant plus efficace qu'il opère dans un environnement composé d'individus qualifiés. En effet, il faut alors tenir compte de la circulation de l'information. Celle-ci est mieux comprise et mieux transmise au fur et à mesure que le capital moyen s'élève.

d) Les infrastructures publiques (Robert Barro)

Les infrastructures publiques permettent d'accroître l'efficacité productive en procurant une main-d'œuvre qualifiée (dépenses de formation), en améliorant les conditions de transport, de communication, etc.

3. Les conséquences sur le rôle de l'État

En raison des effets externes positifs, certains investissements ont un rendement social plus élevé que le rendement privé. En l'absence d'intervention de l'État, le niveau de ces investissements risque d'être sous-optimal. L'État doit donc les encourager par des subventions, des investissements publics ou une politique fiscale incitative.

Retenir l'essentiel

Les économistes néoclassiques estiment que la croissance équilibrée est possible dès lors que les facteurs de production sont substituables et les prix des facteurs flexibles. Les économistes keynésiens, quant à eux, sont plus pessimistes en raison des fluctuations de l'investissement dans un contexte d'incertitude. Les théories de la croissance endogène permettent de comprendre comment la croissance peut être auto-entretenue à long terme grâce aux externalités positives du progrès technologique, des investissements en capital humain et des infrastructures publiques.

Fiche 3
Les conséquences de la croissance économique

Section 1. Croissance et bien-être

L'utilisation d'une quantité croissante de ressources fait naître des craintes en matière de pollution et d'épuisement des ressources non renouvelables. La recherche de toujours plus de croissance, dans un monde de plus en plus concurrentiel, est également accusée de presser sans cesse davantage les salariés, ce qui favorise les maladies professionnelles, les accidents du travail et les effets pervers liés au délitement du lien social. En outre, le processus de croissance devient de plus en plus inégalitaire et le nombre d'exclus s'accroît. Tout cela favorise sans doute la prise de conscience que le bien-être ne passe par uniquement par la satisfaction des besoins marchands, laquelle se réalise à un prix qui peut devenir prohibitif. Faut-il pour autant « jeter le bébé avec l'eau du bain » ? L'observation des souffrances dans les pays en développement doit nous rappeler qu'en deçà d'un certain stade de développement, certains besoins essentiels ne sont pas assouvis : nourriture, logement, hygiène. La hausse des niveaux de vie, favorisée par la croissance, permet de combler les carences dans ces domaines puis de se consacrer à la satisfaction de besoins supérieurs : santé, éducation, assurance, culture. Dans les pays industrialisés également, la résolution de certains problèmes (sanitaires, sociaux, etc.) passe par l'utilisation d'une quantité toujours croissante de ressources. Il est donc préférable que le revenu national continue de croître afin de rendre ces ponctions moins douloureuses. Il faut aussi se souvenir qu'à productivité donnée, les créations d'emplois dépendent de la croissance économique. Les méfaits du chômage en termes d'insertion sociale ne nous laissent pas beaucoup de choix. Condamnés à la croissance, nous devons faire émerger un nouveau processus de développement afin de rendre celle-ci soutenable et durable.

Le développement durable (ou soutenable)

On peut reprendre ici la définition qu'en donne le rapport Brundtland, publié en 1987 : *« un développement qui répond aux besoins du présent sans compromettre la capacité des générations futures de répondre aux leurs »*.

La commission Brundtland proposait l'adoption d'un certain nombre d'actions stratégiques :
- favoriser la croissance et en modifier la qualité : l'objectif de croissance forte est maintenu (notamment dans les pays en développement). En revanche, il faut faire en sorte que celle-ci soit plus respectueuse de l'environnement ;
- satisfaire les besoins essentiels : emploi, alimentation, énergie, eau... ;
- maîtriser la démographie (afin d'éviter une pression excessive sur les ressources) ;
- préserver et mettre en valeur les ressources naturelles, ce qui passe aussi par une réorientation technologique.

Section 2. Croissance et emploi (loi d'Okun)

La courbe d'Okun décrit le lien entre croissance et niveau de l'emploi. Plus la croissance est élevée, plus le niveau de l'emploi est censé l'être aussi. Cependant, les ajustements entre croissance et emploi ne sont pas instantanés.

À court terme, lorsque la croissance ralentit, l'entreprise ne procède pas immédiatement à des licenciements. En effet, cela engendre des coûts qui doivent être comparés aux avantages que l'entreprise retire de la diminution du volume de main-d'œuvre (indemnités de licenciement, pertes en capital humain, détérioration du climat social). Dès lors, l'entreprise préfère réduire les heures supplémentaires et recourir au chômage technique. À court terme, le travail est un facteur non pas variable mais quasi fixe, comme l'a mis en évidence Walter Oi. En période de reprise, les fluctuations de l'emploi montrent la même inertie à court terme. L'entreprise préfère commencer par augmenter les heures supplémentaires et avoir recours à l'intérim. Elle accroît le volume de l'emploi stable uniquement si la croissance paraît solide et durable. C'est pourquoi on constate un cycle conjoncturel de la productivité du travail : elle diminue en début de ralentissement de l'activité et elle augmente lorsque la reprise démarre.

Depuis le début des années 1980, les entreprises ajustent leurs effectifs à la hausse ou à la baisse beaucoup plus rapidement (en grande partie du fait de la multiplication des emplois précaires). En conséquence, la croissance doit représenter au moins 1 % du PIB pour conduire à une création nette d'emplois. En deçà de 1 % de croissance, les destructions d'emplois sont de l'ordre de 200 000 par point de PIB.

Section 3. Croissance et inégalités

1. Les inégalités entre les nations

Le modèle de Solow conclut à un rattrapage du niveau de vie des pays développés par les pays en développement, en raison des rendements décroissants des facteurs. Une telle convergence est aussi rendue possible, selon les théories de la croissance endogène, par la diffusion du progrès technique. Néanmoins, cette convergence n'est pas automatique ; elle est qualifiée de « conditionnelle » car elle dépend d'un certain nombre de variables, notamment de la qualité des institutions et des politiques économiques. De fait, on constate que certains pays parviennent ou sont parvenus dans le passé à combler leur retard : les États-Unis au début du XXe siècle, l'Europe et le Japon après la Seconde Guerre mondiale, les nouveaux pays industrialisés (NPI) d'Asie du Sud-Est depuis les années 1980. Pour certaines régions, les écarts avec les pays développés se sont au contraire creusés au cours des dernières décennies (Amérique latine, Afrique).

Comparaison des PIB par habitant entre les grandes régions du monde depuis 1820

Régions du monde	PIB par habitant (en dollars 1990)				
	1820	1913	1950	1973	2001
Régions du groupe A					
Europe de l'Ouest	1204	3458	4579	11416	19256
Pays d'immigration européenne	1202	5233	9268	16179	26943
Japon	669	1387	1921	11434	20683
Total groupe A	*1109*	*3672*	*5649*	*13082*	*22509*
Régions du groupe B					
Amérique latine	692	1481	2506	4504	5811
Europe de l'Est	683	1695	2111	4988	6027
Ex-URSS	688	1488	2841	6059	4626
Asie (à l'exclusion du Japon)	577	658	634	1226	3256
Afrique	420	637	894	1410	1489
Total groupe B	*578*	*860*	*1091*	*2072*	*3377*
Total monde	667	1525	2111	4091	6049

Source : d'après Angus Maddison, *L'économie mondiale : statistiques historiques*, OCDE, 2003.

2. Les inégalités au sein des nations

Dans les années 1950, Kuznets émit une thèse longtemps admise selon laquelle les phases initiales de développement sont source d'inégalités croissantes en raison des réallocations de main-d'œuvre des activités à faible productivité vers celles à forte productivité, tandis que les phases ultérieures s'accompagnent d'une réduction des inégalités dès lors que la majorité de la main-d'œuvre est employée dans les secteurs les plus modernes. Thomas Piketty et Emmanuel Saez estiment que la réduction des inégalités à laquelle on a assisté au lendemain de la Seconde Guerre mondiale résulte moins d'évolutions naturelles de l'économie que de la mise en place de l'impôt sur le revenu et de sa progressivité croissante. T. Piketty observe d'ailleurs que les inégalités de patrimoine se sont réduites davantage que les inégalités salariales. On peut enfin remarquer que, dans la plupart des pays industrialisés, les inégalités sont reparties nettement à la hausse depuis les années 1980.

Retenir l'essentiel

La croissance peut améliorer le bien-être des populations ; cependant, ces progrès ne sont pas garantis aujourd'hui à cause des externalités négatives (la pollution notamment). On considère en général que la croissance économique favorise les créations d'emplois. Plus les gains de productivité sont élevés pour un taux de croissance donné, moins les créations d'emplois seront nombreuses. Il n'existe pas de lien systématique unissant la croissance économique à l'évolution des inégalités entre pays et au sein des nations. De ce point de vue, les politiques économiques exercent des effets déterminants.

Chapitre 2
Le chômage et l'emploi

Le facteur travail entretient des relations complexes avec la croissance économique : la population active disponible est un déterminant de la croissance potentielle alors que le volume de l'emploi dépend de la croissance.

La population active varie en fonction des évolutions de la démographie et des taux d'activité. Sa structure se transforme au cours des mutations de l'appareil productif (fiche 1).

Le chômage a fortement augmenté depuis le milieu des années 1970 et sa durée moyenne s'est également allongée. La montée du chômage s'est accompagnée d'une précarisation des emplois. Toutes les catégories de la population ne sont pas touchées de manière identique par le sous-emploi (fiche 2).

Le plein emploi est un objectif majeur de la politique économique à cause des coûts individuels et collectifs qu'engendre le chômage. Ce thème occupe donc légitimement une place centrale dans la plupart des réflexions économiques. Pour les économistes libéraux, le chômage est la conséquence d'une flexibilité insuffisante du marché du travail, alors que les économistes keynésiens mettent davantage l'accent sur l'évolution de la demande globale et le rôle de la politique conjoncturelle (fiche 3).

Fiche 1
La population active

Section 1. Définitions

1. La population active

La population active est définie comme l'ensemble des personnes exerçant ou cherchant à exercer une activité rémunérée. Elle regroupe donc la population active occupée et les chômeurs (au sens du Bureau international du travail – BIT).

2. La population inactive

Elle désigne l'ensemble des personnes qui n'exercent pas et ne cherchent pas à exercer une activité rémunérée : jeunes scolarisés, personnes au foyer, handicapés, retraités.

3. Taux d'activité

Le taux d'activité (en %) est le rapport entre le nombre d'actifs (actifs occupés et chômeurs) et l'ensemble de la population correspondante.

4. Taux d'emploi

Le taux d'emploi d'une classe d'individus est calculé en rapportant le nombre d'individus de la classe qui ont un emploi au nombre total d'individus compris dans celle-ci. On se limite le plus souvent à la population en âge de travailler (définie, en comparaison, comme les personnes âgées de 15 à 64 ans).

Section 2. Les évolutions de la population active

Les évolutions de la population active française de 1806 à 1990 (en milliers)

Date	Population active			Inactifs		
	Hommes	Femmes	Total	Hommes	Femmes	Total
1806	8456	4415	12871	6087	10612	16699
1911	12879	7217	20096	6375	12721	19096
1962	13162	6740	19902	9390	17130	26520
1974	14010	8225	22235	11620	18466	30086
1990	13935	10445	24390	13503	18411	31914

Source : Olivier Marchand et Claude Thélot, *Deux siècles de travail en France*, INSEE, coll. « Études », 1991.

Les évolutions récentes de la population active française

	2012	2013 (r)	2014
Population active (en millions)	28,5	28,6	28,6
Population active occupée (en millions)	25,8	25,8	25,8
dont femmes (en %)	*47,7*	*47,9*	*48,2*
dont non-salariés (en %)	*11,4*	*11,3*	*11,5*

(r) Données révisées.

Source : INSEE, enquête Emploi et *Tableaux de l'économie française. Édition 2016.*

La population active a augmenté au cours du XIXe siècle. On note toutefois une baisse du taux de croissance après 1850. Cette évolution s'explique principalement par des facteurs démographiques (accroissement de la population).

La population active a stagné de 1910 à 1965. L'évolution des taux d'activité (notamment des femmes) imprime une baisse qui est compensée par les apports de la démographie.

Depuis les années 1960, on assiste à une forte hausse de la population active. Les évolutions des taux d'activité exercent une influence à la baisse en raison du raccourcissement de la vie active, et ce malgré l'augmentation du taux d'activité féminin. L'accroissement du nombre d'actifs est dû essentiellement à des évolutions démographiques.

Au cours des dix dernières années, la population active a continué de croître du fait de l'augmentation du taux d'activité des 55-64 ans. On observe en revanche une réduction de la population des moins de 55 ans, qui constituent la majorité des actifs. Le taux d'activité des 15-24 ans, qui avait connu une légère hausse à la fin des années 1990 et au début des années 2000, a également décru. Cela résulte sans doute de l'accroissement du chômage, qui incite les jeunes à retarder leur entrée sur le marché du travail.

Section 3. Les évolutions de la structure de la population active

1. La féminisation de la population active

L'augmentation de la part des femmes dans la population active est due à la hausse des taux d'activité aux âges médians [1], au fait qu'elles se retirent de moins en moins souvent de la population active après leur mariage et à des reprises d'activité plus nombreuses et plus précoces après les naissances. Le développement continu des emplois fortement féminisés (dans le tertiaire, en particulier) et la multiplication des emplois à temps partiel ont largement favorisé aussi cette évolution.

2. Les mutations sectorielles

On observe une baisse relative du secteur primaire dans la population active depuis le début du XIXe siècle, même si la population active agricole a augmenté jusqu'en 1860. Il reste cependant le secteur le plus important jusque dans les années 1920. La population active agricole a amorcé alors un déclin qui s'est accéléré après la guerre.

1. Le taux d'activité féminin était de 58,2 % en 1990 et de 67,5 % en 2014. Sur la même période, le taux d'activité masculin est passé de 75,9 % à 75,5 %.

L'évolution des effectifs dans le secondaire (l'industrie) est contrastée. Ils ont en effet augmenté jusqu'en 1974, année où la part des emplois industriels représentait 37 % du total. À partir de cette date, les effectifs et le poids du secteur secondaire n'ont cessé de décliner.

La croissance des effectifs et de la part du secteur tertiaire (les services) a été continue. On parle de « tertiarisation » de la population active. Toutefois, elle s'est fortement accélérée après la Seconde Guerre mondiale. Aujourd'hui, les emplois tertiaires représentent les trois quarts de l'emploi total.

La tertiarisation s'explique, selon certains, par la faiblesse des gains de productivité dans ces activités (Baumol). Cependant, les difficultés rencontrées pour mesurer la productivité au sein de ce secteur font douter de cet argument. Ce mouvement s'explique plus vraisemblablement par les développements de l'État-providence, les évolutions de la consommation des ménages et, surtout depuis les années 1980, par le recours croissant à des entreprises spécialisées pour la production de certains services tels que la comptabilité, le marketing et le nettoyage[2].

3. La salarisation de la population active

Les salariés représentaient 53 % des effectifs des actifs au début du XXe siècle, 62 % en 1950 et 89 % en 2009. Depuis, la part des non-salariés a légèrement augmenté (91 % en 2012) du fait des mesures destinées à aider les chômeurs à se mettre à leur compte.

Retenir l'essentiel

La population active évolue en fonction de la démographie et des taux d'activité des différentes catégories de la population. Elle a beaucoup augmenté depuis le début du XIXe siècle malgré une certaine stagnation entre 1910 et 1965. La structure de la population active s'est fortement transformée au fil des mutations de l'appareil productif. Trois évolutions majeures sont à souligner :

- **la tertiarisation de la population active ;**
- **la féminisation ;**
- **la salarisation (c'est-à-dire la hausse de la part des salariés dans la population active).**

2. On parle d'opérations d'externalisation.

4. Les indicateurs de fluidité

L'étude des taux de chômage doit être complétée par des analyses plus fines. Un taux de chômage peut recouvrir une grande variété de situations quant aux flux d'entrée et de sortie du chômage. Les indicateurs de fluidité sont :
- l'indice d'ancienneté au chômage;
- l'indice de vulnérabilité au chômage : il mesure pour l'ensemble des chômeurs, suivant leur catégorie d'appartenance, le risque de se retrouver au chômage. Il est égal au nombre de chômeurs recensés au sein de chaque catégorie, rapporté au nombre d'actifs effectivement employés dans celle-ci;
- l'indice d'employabilité : il équivaut au nombre de chômeurs à la recherche d'un emploi depuis un an ou plus rapporté au nombre total de chômeurs. Il mesure la difficulté à retrouver un emploi.

Section 2. Les chiffres du chômage et du sous-emploi

1. Les évolutions du chômage et du taux de chômage

Nombre de chômeurs et taux de chômage en France de 1975 à 2014

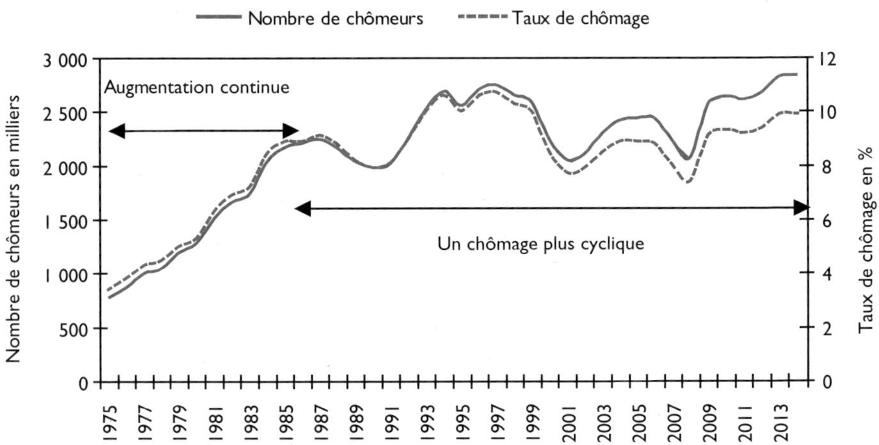

Champ : France métropolitaine, population des ménages, personnes de 15 ans et plus.

Source : INSEE, enquêtes Emploi (calculs INSEE).

L'évolution des effectifs dans le secondaire (l'industrie) est contrastée. Ils ont en effet augmenté jusqu'en 1974, année où la part des emplois industriels représentait 37 % du total. À partir de cette date, les effectifs et le poids du secteur secondaire n'ont cessé de décliner.

La croissance des effectifs et de la part du secteur tertiaire (les services) a été continue. On parle de « tertiarisation » de la population active. Toutefois, elle s'est fortement accélérée après la Seconde Guerre mondiale. Aujourd'hui, les emplois tertiaires représentent les trois quarts de l'emploi total.

La tertiarisation s'explique, selon certains, par la faiblesse des gains de productivité dans ces activités (Baumol). Cependant, les difficultés rencontrées pour mesurer la productivité au sein de ce secteur font douter de cet argument. Ce mouvement s'explique plus vraisemblablement par les développements de l'État-providence, les évolutions de la consommation des ménages et, surtout depuis les années 1980, par le recours croissant à des entreprises spécialisées pour la production de certains services tels que la comptabilité, le marketing et le nettoyage[2].

3. La salarisation de la population active

Les salariés représentaient 53 % des effectifs des actifs au début du XXe siècle, 62 % en 1950 et 89 % en 2009. Depuis, la part des non-salariés a légèrement augmenté (91 % en 2012) du fait des mesures destinées à aider les chômeurs à se mettre à leur compte.

Retenir l'essentiel

La population active évolue en fonction de la démographie et des taux d'activité des différentes catégories de la population. Elle a beaucoup augmenté depuis le début du XIXe siècle malgré une certaine stagnation entre 1910 et 1965. La structure de la population active s'est fortement transformée au fil des mutations de l'appareil productif. Trois évolutions majeures sont à souligner :
- **la tertiarisation de la population active ;**
- **la féminisation ;**
- **la salarisation (c'est-à-dire la hausse de la part des salariés dans la population active).**

2. On parle d'opérations d'externalisation.

Fiche 2
Le chômage et le sous-emploi

Section 1. Les indicateurs du chômage et du sous-emploi

1. Le chômage au sens du BIT (enregistré par l'INSEE)

En application de la définition internationale adoptée en 1982 par le BIT, un chômeur est une personne en âge de travailler (15 ans ou plus) qui répond simultanément à trois conditions :
- être sans emploi, c'est-à-dire ne pas avoir travaillé, ne serait-ce qu'une heure, durant une semaine de référence ;
- être disponible pour prendre un emploi dans les quinze jours ;
- avoir cherché activement un emploi dans le mois précédent ou en avoir trouvé un qui commence dans moins de trois mois.

2. Les demandeurs d'emploi comptabilisés par Pôle emploi

Les demandeurs d'emploi en fin de mois (DEFM) sont répartis en plusieurs catégories, ce qui permet de les classer selon leur disponibilité. Jusqu'en 2009, ils étaient répartis en 8 catégories. Depuis, ils le sont dans cinq catégories. On reproche souvent à celle des DEFM de sous-estimer l'ampleur du chômage en ignorant les personnes radiées des fichiers de l'agence sans avoir retrouvé un emploi. Un durcissement brutal des conditions d'indemnisation des chômeurs est susceptible de faire diminuer artificiellement le nombre des DEFM.

Les catégories de demandeurs d'emploi

Catégories	Demandeurs d'emploi concernés	Anciennes catégories
A	Personne sans emploi, tenue d'accomplir des actes positifs de recherche d'emploi, à la recherche d'un emploi quel que soit le type de contrat (CDI, CDD, à temps plein, à temps partiel, temporaire ou saisonnier)	1, 2, 3 hors activité réduite
B	Personne ayant exercé une activité réduite de 78 heures maximum par mois, tenue d'accomplir des actes positifs de recherche d'emploi	1, 2, 3 en activité réduite
C	Personne ayant exercé une activité réduite de plus de 78 heures par mois, tenue d'accomplir des actes positifs de recherche d'emploi	6, 7, 8
D	Personne sans emploi, non immédiatement disponible, non tenue d'accomplir des actes positifs de recherche d'emploi (demandeur d'emploi en formation, en maladie, etc.)	4
E	Personne non pourvue d'un emploi, non tenue d'accomplir des actes positifs de recherche d'emploi (exemple : contrats aidés)	5

Source : *https://www.service-public.fr/particuliers/vosdroits.*

3. Taux de chômage et part du chômage

a) Les taux de chômage

Le taux de chômage est le nombre de chômeurs rapporté aux actifs. On peut calculer un taux de chômage global et toute une série de taux de chômage par catégories (sexe, âge, profession, catégorie socioprofessionnelle, région…).

b) La part du chômage

Cet indicateur rapporte le nombre de chômeurs à la population totale (et non plus seulement aux actifs).

Part du chômage = taux de chômage x taux d'activité.

4. Les indicateurs de fluidité

L'étude des taux de chômage doit être complétée par des analyses plus fines. Un taux de chômage peut recouvrir une grande variété de situations quant aux flux d'entrée et de sortie du chômage. Les indicateurs de fluidité sont :

– l'indice d'ancienneté au chômage ;
– l'indice de vulnérabilité au chômage : il mesure pour l'ensemble des chômeurs, suivant leur catégorie d'appartenance, le risque de se retrouver au chômage. Il est égal au nombre de chômeurs recensés au sein de chaque catégorie, rapporté au nombre d'actifs effectivement employés dans celle-ci ;
– l'indice d'employabilité : il équivaut au nombre de chômeurs à la recherche d'un emploi depuis un an ou plus rapporté au nombre total de chômeurs. Il mesure la difficulté à retrouver un emploi.

Section 2. Les chiffres du chômage et du sous-emploi

1. Les évolutions du chômage et du taux de chômage

Nombre de chômeurs et taux de chômage en France de 1975 à 2014

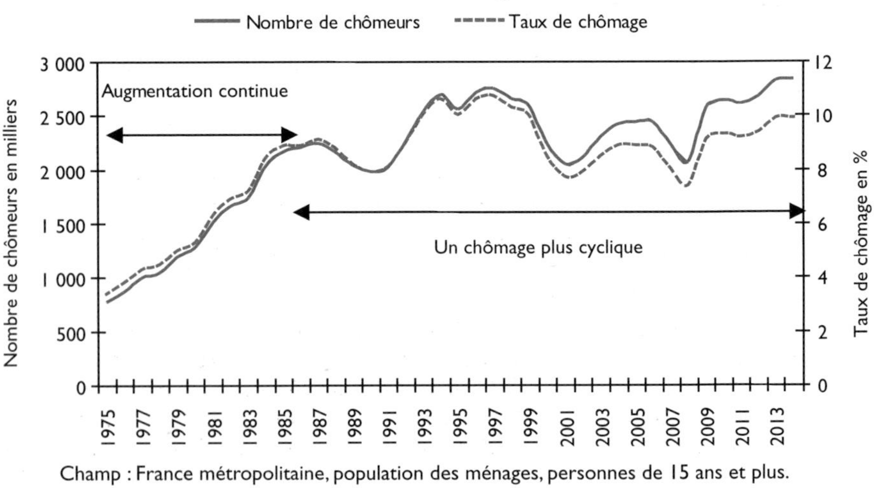

Champ : France métropolitaine, population des ménages, personnes de 15 ans et plus.

Source : INSEE, enquêtes Emploi (calculs INSEE).

Le chômage a fortement augmenté depuis 1962 mais de façon irrégulière :
- *de 1962 à 1974* : il croît lentement du fait de l'augmentation de la population active ;
- *de 1975 à 1986* : la progression rapide et continue du chômage s'explique par une composante structurelle (restructurations industrielles dues à la crise et à la mondialisation) et, à certaines dates, par une composante conjoncturelle (récessions de 1974 et 1980) ;
- *de 1987 à 1996* : le chômage devient plus cyclique, les phases de baisse et de hausse se succèdent ;
- *de 1997 à 2006* : il décroît fortement grâce à l'accélération de la croissance économique ;
- *depuis 2007* : le chômage est reparti très nettement à la hausse, notamment en 2009 du fait de la récession (+ 2,9 %).

2. Le chômage de longue durée

Proportion de chômeurs de longue durée parmi les chômeurs (en %)

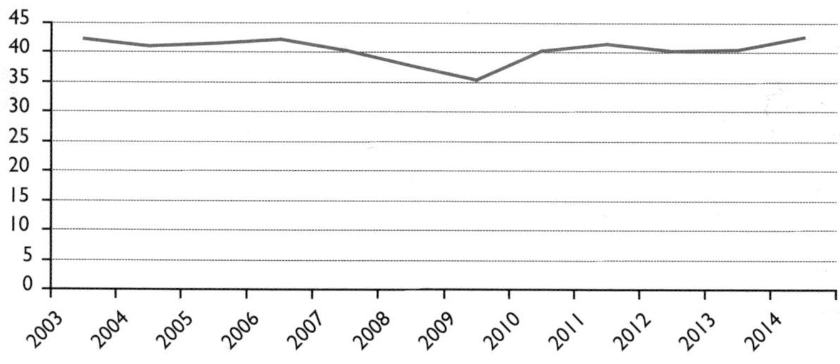

Source : INSEE, enquêtes Emploi (calculs INSEE).

On appelle chômeur de longue durée (CLD) toute personne qui se trouve au chômage depuis plus d'un an. Le chômage de longue durée a fortement augmenté depuis les années 1980. On note toutefois une corrélation entre l'évolution du chômage global et le CLD à moyen et long termes. Les analyses montrent que la probabilité de retrouver un emploi diminue au fur et à mesure que la durée du chômage s'allonge. Seule une reprise forte et durable est susceptible de provoquer une baisse significative du CLD.

Parmi les actifs, ce sont les jeunes qui ont le taux de chômage de longue durée le plus élevé alors que parmi les chômeurs, la part de CLD croît avec l'âge.

Le chômage de longue durée est traditionnellement plus répandu chez les femmes mais, ces dernières années, le CLD féminin s'est rapproché de celui des hommes.

Les plus diplômés sont moins exposés au CLD.

3. La structure du chômage

Taux de chômage par sexe et par âge (en %)

	1990	2010	2012	2013	2014
Hommes	**6,1**	**8,7**	**9,5**	**10,1**	**10,3**
15 à 24 ans	13,0	22,2	24,1	23,7	24,4
25 à 49 ans	5,0	7,7	8,5	9,2	9,4
50 à 64 ans	4,5	5,5	6,3	6,9	7,0
65 ans ou plus	0,2	2,3	1,0	2,6	2,5
Femmes	**9,7**	**9,1**	**9,4**	**9,8**	**9,7**
15 à 24 ans	17,6	23	23,1	24,3	22,2
25 à 49 ans	8,7	8,4	8,9	9,1	9,2
50 à 64 ans	6,2	5,6	5,9	6,5	6,7
65 ans ou plus	0,4	2,6	1,8	2,7	2,9
Total	**7,7**	**8,9**	**9,5**	**9,9**	**10**
15 à 24 ans	15,1	22,6	23,6	24,0	23,4
25 à 49 ans	6,6	8,0	8,7	9,2	9,3
50 à 64 ans	5,2	5,5	6,1	6,7	6,9
65 ans ou plus	0,3	2,4	1,3	2,6	2,7

Note : données corrigées des ruptures de série en 2003 et 2013.
Champ : France métropolitaine.

Source : INSEE, enquêtes Emploi.

Taux de chômage selon la catégorie socioprofessionnelle (en %)

	Moyenne 1990	Moyenne 2000	Moyenne 2013	Moyenne 2014
Cadres	3,2	3,8	4,0	4,4
Professions intermédiaires	3,6	4,7	5,2	5,6
Employés	8,6	9,0	10,0	10,1
Ouvriers qualifiés	6,6	6,8	11,2	11,4
Ouvriers non qualifiés	13,5	13,7	20,6	19,5

Champ : France métropolitaine, population des ménages, personnes de 15 ans et plus.

Source : INSEE, enquêtes Emploi (calculs INSEE).

Taux de chômage (BIT) selon le plus haut diplôme obtenu (en %)

	1990	2000	2012	2013
Sans diplôme ou CEP	10,5	12,5	16,1	16,8
Brevet des collèges	6,6	8,8	13,1	14,5
CAP, BEP ou équivalent	7,4	7,6	9,2	10,0
Baccalauréat ou brevet professionnel	5,4	6,9	9,6	10,1
Baccalauréat + 2 ans	3,4	4,3	5,5	5,7
Diplôme supérieur	3,7	5,7	5,4	6,1
Ensemble	**7,6**	**8,1**	**9,4**	**9,8**

Note : données de 1982 à 2013, corrigées pour les ruptures de série.
Champ : France métropolitaine, population des ménages, personnes de 15 ans et plus.

Source : INSEE, enquêtes Emploi (calculs INSEE).

Le chômage touche davantage les femmes, les jeunes, les plus âgés et, parmi les catégories socioprofessionnelles, les ouvriers et les employés. Le risque de chômage diminue à mesure que le niveau de diplôme s'élève.

4. La précarisation des emplois

L'évolution de l'emploi précaire en France, 1982-2014

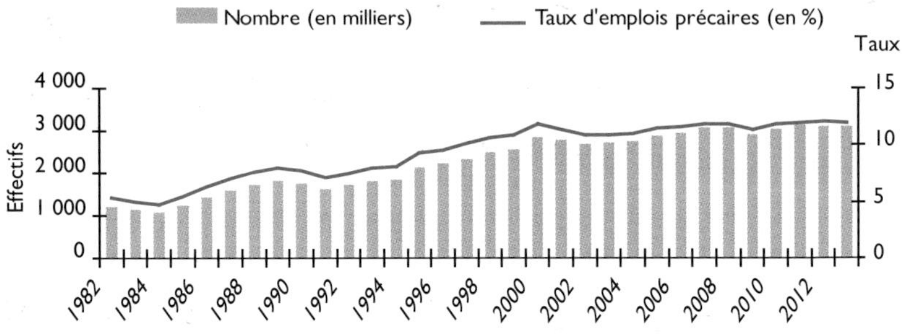

Sources : INSEE (données 2014) et ©Observatoire des inégalités.

Le chômage n'est qu'une facette des problèmes de l'emploi. Il faut également prendre en compte la part croissante d'emplois précaires (contrats à durée déterminée – CDD –, intérim, apprentissage, contrats aidés) et le développement du temps partiel non désiré. Ces emplois répondent aux besoins de flexibilité des entreprises dans la gestion du volume de main-d'œuvre et permettent de réduire le coût du travail de certaines catégories (en particulier les jeunes non qualifiés). En revanche, ils laissent les travailleurs qui y sont soumis dans une situation inconfortable en termes de revenus, de protection sociale et de conditions de travail. Au départ, ils étaient censés constituer un tremplin vers des emplois plus stables et favoriser une insertion durable. Dans les faits, il n'en est rien. Le travail précaire débouche souvent sur le chômage avant de mener à un autre emploi précaire.

Les données fournies sont discutables. Elles portent en effet sur les CDD, les stages, l'apprentissage et l'intérim. Or une partie des individus concernés par ces situations suit une formation ; il faudrait donc sans doute les compter à part. Par ailleurs, les précaires non salariés ne sont pas pris en compte.

Retenir l'essentiel

Le chômage a fortement augmenté depuis le milieu des années 1970. Toutefois, certaines catégories sont clairement plus touchées que d'autres (les femmes, les jeunes, les non-diplômés, les ouvriers). Pour les chômeurs de longue durée, la situation est particulièrement difficile car la probabilité de retrouver un emploi est faible. Au-delà du chômage, la croissance du sous-emploi passe aussi par le développement des emplois précaires et du temps partiel.

Fiche 3
Les interprétations du chômage

Section 1. Les interprétations « classiques » du chômage

1. La théorie néoclassique du marché du travail

Selon les économistes néoclassiques, le marché du travail est un marché identique aux autres (Lionel Robbins).

a) L'offre de travail

Les salariés doivent répartir leur temps entre loisir et travail. Ce dernier apporte une utilité négative mais, en contrepartie, il procure un revenu qui permet de consommer. Plus le temps de travail s'allonge, plus le sacrifice d'une heure de loisir supplémentaire est coûteux en termes d'utilité. Le salaire réel doit augmenter pour que les salariés acceptent d'accroître leur offre de travail.

b) La demande de travail

Les entreprises cherchent à maximiser leur profit. L'entreprise a intérêt à augmenter sa demande de travail jusqu'à ce que le coût marginal (le salaire réel) soit égal à la productivité marginale (ce que lui rapporte en plus la variation du volume de travail). Or les rendements des facteurs étant décroissants, plus le volume de travail utilisé est élevé, plus la productivité marginale du travail est faible. Le salaire réel doit donc baisser pour que les entreprises acceptent d'embaucher davantage.

c) L'équilibre sur le marché du travail

Le marché du travail néoclassique

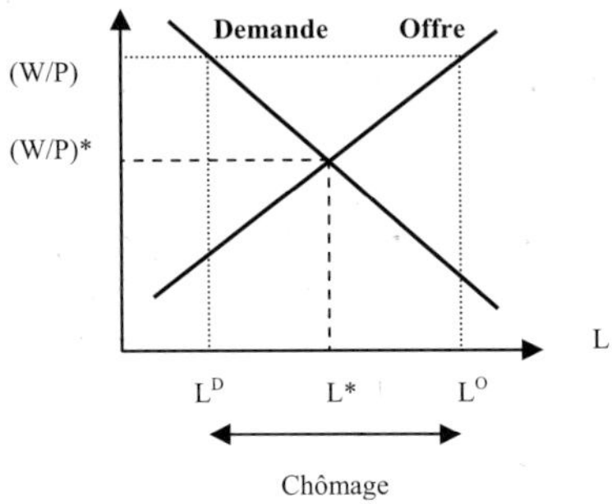

(W/P) : salaire réel

(W/P)* : salaire d'équilibre

L* : plein emploi

L^O : offre de travail

L^D : demande de travail

Il existe un niveau de salaire réel (W/P)* pour lequel le plein emploi est assuré. Un salaire réel supérieur à (W/P)* conduit à un chômage $U = L^O - L^D$. La baisse du salaire réel doit permettre un retour au plein emploi car elle provoque une diminution de l'offre de travail et une hausse de la demande de travail.

d) Les conséquences en matière de politique de l'emploi

La flexibilité du salaire réel permet de réguler les déséquilibres sur le marché du travail. Les interventions publiques sont, dans cette optique, source de rigidités et donc de chômage. Le salaire minimum, les allocations chômage et le contrôle des licenciements conduisent à un salaire réel supérieur au salaire d'équilibre. La lutte contre le chômage passe par la restauration des mécanismes concurrentiels sur le marché du travail.

2. La théorie du capital humain

a) Les caractéristiques du capital humain (Gary Becker)

Le capital humain (KH) désigne l'ensemble des capacités productives innées ou acquises de l'individu. La productivité d'un individu dépend de son capital humain. L'accumulation du KH s'effectue au sein de la famille, par le biais de l'expérience professionnelle et grâce à la formation.

L'investissement en KH peut être réalisé par les entreprises, qui en attendent un surcroît d'efficacité, et par les individus, qui espèrent une hausse de leur rémunération.

b) Une explication des différences de salaires

Le modèle néoclassique de base ne fournit pas d'explication valable de la dispersion des salaires puisque les individus sont supposés identiques. Les différences de salaires s'expliquent par celles des dotations en KH puisque la productivité des individus en dépend.

c) Les explications du chômage

Les salariés les moins qualifiés et les jeunes sont fortement touchés par le chômage en raison d'un coût du travail trop élevé par rapport à leur productivité. Les plus âgés sont pénalisés par l'évolution des qualifications que provoquent les mutations de l'appareil productif. Leur adaptation nécessiterait un investissement coûteux en formation qui risquerait de ne pas être amorti à cause de la proximité de la retraite.

d) Les implications en termes de politique de l'emploi

La théorie du KH reprend à son compte les recommandations néoclassiques en faveur d'une déréglementation du marché du travail. Elle préconise par ailleurs des efforts de formation en vue d'améliorer l'employabilité des chômeurs.

3. La théorie de la recherche d'emploi (George Stigler)

Les salariés doivent faire des recherches afin de trouver les emplois correspondant à leurs qualifications et à leurs exigences. L'appariement entre les emplois offerts et l'offre de travail n'est donc pas immédiat, ce qui explique l'existence d'un *chômage de frottement* à court terme.

Cette recherche engendre un coût : les frais afférents à celle-ci, ainsi que les salaires non perçus. Le salarié accepte d'assumer ce coût car il espère en retirer un gain en termes de salaires et de conditions de travail. L'existence d'allocations chômage permet aux chômeurs de prolonger cette recherche et de retarder leur entrée sur le marché du travail. Elles augmentent le *salaire de réservation*, c'est-à-dire le salaire à partir duquel les personnes au chômage acceptent de reprendre un emploi. Les allocations chômage sont ainsi accusées de faire tomber les chômeurs dans une « *trappe à inactivité* » source de chômage de longue durée.

Ces analyses justifient les réorientations des politiques de l'emploi au cours des années 1990, en particulier le durcissement des critères d'éligibilité aux allocations chômage ainsi que la réduction de leur durée et de leur montant.

4. La courbe de Beveridge

Les imperfections du fonctionnement du marché du travail aboutissent à la coexistence du chômage et d'emplois non pourvus. La *courbe de Beveridge* relie les taux de chômage (U) aux taux d'emplois vacants (V). Cette relation est décroissante. Lorsque le taux de chômage s'élève, le taux d'emplois vacants diminue car les chômeurs ont tendance à accepter plus facilement n'importe quel emploi. À l'inverse, quand le taux de chômage baisse, les chômeurs deviennent plus sélectifs et le taux d'emplois vacants augmente. Le taux de chômage structurel correspond au taux de chômage égal au taux d'emplois vacants.

La courbe de Beveridge

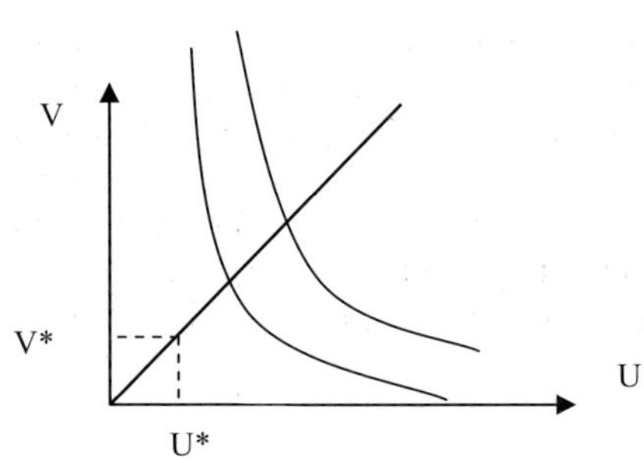

Les explications de la courbe de Beveridge reposent sur des arguments multiples :
– l'inadéquation des qualifications de certains salariés, due aux évolutions structurelles ;
– la faiblesse des incitations à la reprise d'un emploi (dans la droite ligne des analyses de la théorie de la recherche d'emploi) ;
– l'insuffisante efficacité des politiques et des institutions de traitement du chômage (Pôle emploi).

Des rigidités croissantes sur le marché du travail se traduisent par un glissement de la courbe de Beveridge sur la droite. À l'inverse, un marché du travail plus flexible permettra un abaissement de cette courbe et une diminution du chômage structurel.

Section 2. Les interprétations « keynésiennes »

1. Le principe de la demande effective

Keynes et les post-keynésiens estiment que le niveau de l'emploi n'est pas déterminé par celui du salaire réel. Il dépend de la *demande effective*, c'est-à-dire la demande anticipée par les entreprises. Lorsque ces anticipations sont pessimistes, les entreprises réduisent l'investissement et le niveau de l'emploi. Les revenus distribués diminuent et, avec eux, la demande globale (mécanisme du multiplicateur). Dans ces conditions, la baisse du salaire réel risque d'entraîner une nouvelle réduction de la demande globale et une dégradation des anticipations. Ce cercle vicieux peut induire une récession.

Rien n'assure que le niveau de la production mis en œuvre par les entreprises garantisse le plein emploi et aucun mécanisme ne permet un retour automatique à l'équilibre. Seule la hausse de la demande globale est de nature à réduire le chômage. Or les entreprises ne peuvent pas augmenter les salaires car il est probable que la faiblesse de la demande réduise leur rentabilité. L'État doit relancer l'économie grâce à la politique conjoncturelle, c'est-à-dire à un bon dosage de politique budgétaire et fiscale et de politique monétaire.

2. La rigidité des salaires dans les analyses néo-keynésiennes

Les néo-keynésiens considèrent que si les salaires réels étaient flexibles, ils permettraient en effet une réduction du chômage ; mais les salaires sont rigides. Ils estiment cependant que cette rigidité est rationnelle. En effet, selon les *théories du salaire d'efficience* (Akerlof, Stiglitz et Yellen), la motivation des salariés et donc leur productivité dépendent du salaire. Les entreprises préfèrent ne pas réduire les salaires en période de chômage plutôt que risquer de subir une baisse de la productivité. La *théorie des contrats implicites* (Azariadis, Baily et Gordon) envisage la relation salariale comme une relation d'assurance. Les salariés, redoutant des fluctuations de revenus, accepteraient implicitement des progressions de salaire plus faibles que celles de la productivité en échange d'une stabilité de celui-ci en période de récession.

La rigidité des salaires conduit à un salaire réel supérieur au salaire d'équilibre. Dans ces analyses, le chômage est bien une conséquence d'un coût salarial trop élevé. Il faut donc abaisser ce coût sans diminuer le salaire net perçu par les salariés, afin de ne pas nuire à l'efficacité productive. C'est pourquoi les néo-keynésiens préconisent de réduire les charges sociales, notamment pour les emplois les moins qualifiés. Ils considèrent aussi que l'État doit lutter contre les rigidités du marché du travail, qui contribuent à élever le niveau des salaires. Ils se rapprochent, de ce point de vue, des analyses libérales.

Section 3. Progrès technique et chômage

À court terme, l'introduction du progrès technique se traduit par une destruction d'emplois si le taux de croissance de la productivité est supérieur à celui de la production. Cela pose problème lorsque la population active continue d'augmenter. Les difficultés sont accentuées par les conséquences sur les qualifications. Le plus souvent, les nouveaux emplois sont plus qualifiés que ceux qui ont été détruits. Les salariés licenciés peuvent difficilement se reclasser et il s'ensuit un chômage d'inadaptation.

Les économistes restent néanmoins optimistes quant à l'impact du progrès technique sur l'emploi. Les gains de productivité permettent de préserver la compétitivité des entreprises et donc l'emploi à long terme. Ils sont également à la source d'une augmentation des revenus susceptible d'alimenter une hausse de la consommation au cours des périodes suivantes. Enfin, le progrès technique aboutit aussi à la création de nouveaux produits, voire de nouvelles activités. Comme le relevait Alfred Sauvy, si les emplois créés dans les activités en développement sont plus nombreux que les emplois détruits, le bilan est positif (analyse du déversement).

Retenir l'essentiel

Les économistes mettent en cause le manque de flexibilité du marché du travail pour expliquer le chômage. D'une part, les salaires ne s'ajustent pas au niveau qui assurerait le plein emploi ; d'autre part, les allocations permettent aux chômeurs de différer leur entrée sur le marché du travail. Cela conduirait à de véritables trappes à inactivité. Les économistes keynésiens estiment, quant à eux, que le chômage est plutôt le résultat d'une insuffisance de la demande anticipée par les entreprises. Dans ces conditions, la baisse des salaires risque davantage d'aggraver le mal que d'induire un retour au plein emploi. Ils estiment par ailleurs que la rigidité des salaires est rationnelle car elle permettrait de sauvegarder la productivité des entreprises et de conserver les salariés les plus qualifiés. Au fil du temps, les économistes néo-keynésiens se sont toutefois rapprochés des arguments des économistes libéraux, selon lesquels il faut tout faire pour diminuer le chômage structurel au moyen de politiques incitatives. Le progrès technique, facteur de chômage à court terme, apparaît comme un atout à long terme par ses effets bénéfiques sur la croissance économique.

CHAPITRE 3

L'inflation

La hausse des prix est un phénomène naturel dans les économies de marché. Son rythme n'est pas constant et ses effets diffèrent selon qu'il s'agit d'une croissance lente et régulière ou qu'au contraire, elle explose et s'emballe. Il importe de savoir caractériser ces différentes phases (fiche 1).

L'inflation est un déséquilibre économique qui peut être aussi grave que le chômage, même si ses effets apparaissent moins immédiats. Tous les agents ne sont pas perdants à l'inflation et certains estiment qu'elle est nécessaire pour résoudre certaines difficultés. À plus long terme, ses effets sont cependant dévastateurs tant du point de vue des déséquilibres extérieurs que de la croissance économique (fiche 2).

L'inflation est un phénomène complexe qui résulte des interactions de diverses causes. Les politiques de lutte contre l'inflation visent à agir sur ces causes. Les politiques anti-inflationnistes des années 1960 et 1970 sont inspirées par les analyses keynésiennes. Depuis les années 1970, ces politiques sont davantage influencées par les analyses monétaristes (fiche 3).

Fiche 1
Définitions et mesures de l'inflation

Section 1. Définitions

L'**inflation** est définie comme la hausse durable du niveau général des prix. Une augmentation ponctuelle de ceux-ci ne peut pas être considérée comme de l'inflation. La hausse des prix doit se propager à l'ensemble de l'économie et se reproduire au cours des périodes suivantes. Elle suppose l'existence de mécanismes d'ajustement favorisant la reproduction des hausses de prix. L'inflation implique une perte de pouvoir d'achat de la monnaie.

La **désinflation** est la baisse du taux d'inflation. Le niveau général des prix continue d'augmenter mais selon un taux de croissance plus faible.

■ *Exemple*

Les taux d'inflation ont fortement diminué au début des années 1980 dans les pays industrialisés (plus de 10 % en moyenne durant les années 1970, entre 3 et 4 % à partir des années 1980).

La **déflation** se définit comme la baisse du niveau général des prix. Elle est généralement associée à une récession, c'est-à-dire à une diminution du produit intérieur brut (croissance négative).

■ *Exemple*

Les prix à la consommation ont baissé dans tous les pays industrialisés lors de la grande crise des années 1930.

L'**hyperinflation** est définie, depuis Phillip Cagan, par un taux d'inflation d'au moins 50 % par mois (soit un taux annuel supérieur ou égal à 12 875 %).

■ *Exemples*

- L'hyperinflation allemande en 1923 ;
- certains pays d'Amérique latine dans les années 1980.

La **stagflation** désigne une période au cours de laquelle on observe de manière concomitante une inflation élevée et un ralentissement de la croissance économique accompagné d'une hausse du chômage.

■ *Exemple*

La période s'étendant du milieu des années 1970 au début des années 1980 dans les pays industrialisés.

Section 2. La mesure de l'inflation

1. L'indice des prix à la consommation harmonisé

« Dans la zone euro, la hausse des prix à la consommation est mesurée par l'"indice des prix à la consommation harmonisé" (IPCH). Le terme "harmonisé" signifie que l'ensemble des pays de l'Union européenne ont adopté la même méthodologie. Cela permet de comparer les données entre les pays. »[1]

2. L'indice des prix en France

En France, l'indice des prix est établi par l'INSEE. Les biens qui entrent dans le calcul de l'indice (environ 200 000) couvrent 95 % des dépenses de consommation. Il est basé sur l'observation d'un panier fixe de biens et services, actualisé chaque année afin de tenir compte de l'évolution des comportements de consommation et, notamment, d'introduire de nouveaux produits. Chaque produit est pondéré, dans l'indice global, proportionnellement à son poids dans la dépense de consommation des ménages. Les relevés de prix sont mensuels.

Il existe deux indices officiels des prix. Le premier retrace la consommation des *« ménages urbains dont le chef est ouvrier ou employé »*. C'est l'indice qui sert à la revalorisation du SMIC. Le second, l'indice « tous ménages », est utilisé pour les comparaisons internationales.

Section 3. L'inflation dans les pays industrialisés depuis le XIXe siècle

Le XIXe siècle est caractérisé par une certaine *stabilité des prix* en longue période. Cette stabilité recouvre des fluctuations à la hausse et à la baisse à moyen terme. Celles-ci sont liées aux cycles économiques (variations de

1. Source : site internet de la Banque centrale européenne : *https://www.ecb.europa.eu/ecb/educational/hicp/html/index.fr.htm*.

la production industrielle, augmentation de la quantité de monnaie) ou à des phénomènes accidentels (mauvaises récoltes, guerres).

À l'inverse, le XXe siècle est marqué par l'*inflation* dans la plupart des pays développés. Avant la Seconde Guerre mondiale, les prix évoluaient de manière cyclique, en corrélation avec les fluctuations de l'activité. Après la guerre, les prix ont augmenté même en période de ralentissement de l'activité. La déflation a fait place à la désinflation. Les taux d'inflation se sont sensiblement élevés dès les années 1960 mais c'est à la suite des chocs pétroliers de 1973 et 1979 que la poussée inflationniste a été la plus forte.

Les hausses sont d'ampleur variable selon les pays : l'Allemagne fédérale et les États-Unis présentent des taux d'inflation plus faibles que ceux des autres pays de l'OCDE. Le Japon, l'Italie, la France et le Royaume-Uni connaissent en revanche des taux plus élevés que celui de la moyenne des pays de l'OCDE.

Variation annuelle de l'indice des prix à la consommation, 1950-2013

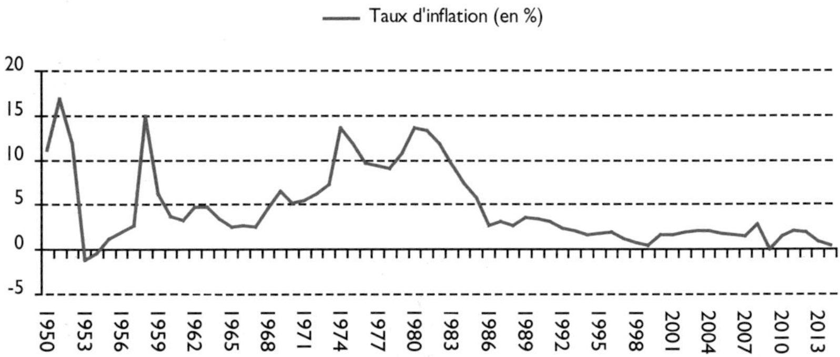

Champ : ensemble des ménages en France; indice des prix à la consommation (y compris tabac) – base 100 en 1998.

Source : INSEE, indice des prix à la consommation.

Évolution de l'inflation dans les principaux pays de l'OCDE, 1953-1983 (en %)

	1953-1959	1960-1968	1968-1973	1973-1979	1979-1983
États-Unis	2,1	2,4	5,1	7,6	7,5
Japon	3,4	5,2	6,9	7,8	1,9
RFA	1,8	3,1	6,3	4,7	4,1
France	4,8	4	6,4	10,5	11,6
Royaume-Uni	3,4	3,7	7,5	16	10,8
Italie	2,4	4,3	7,2	17,1	18
Moyenne	**2,7**	**3,1**	**5,9**	**8,6**	**7,6**

Source : OCDE, *Revue économique*, n° 1, 1983.

À partir des années 1980, les taux d'inflation ralentissent fortement dans les pays de l'OCDE. La France se caractérise par une désinflation plus tardive et moins marquée que celle de ses principaux concurrents.

Depuis 2013, les prix progressent très faiblement dans la zone euro (+ 0,3 % en 2013) et baissent même dans certains pays (Espagne, Grèce, Italie). La politique monétaire très expansionniste de la BCE ne parvient pas à ramener l'inflation à un niveau proche des 2 %, objectif que cette dernière s'est fixé. Le spectre de la déflation hante les esprits[2].

Retenir l'essentiel

L'inflation est la hausse continue et auto-entretenue du niveau général des prix. Les tendances de long terme cachent des fluctuations à court et moyen termes. C'est surtout au XXe siècle, et en particulier à partir des années 1960, que l'inflation s'accélère dans les pays industrialisés. Les taux d'inflation ont fortement baissé depuis le milieu des années 1980.

2. Les risques de la déflation sont analysés page 146.

Fiche 2
Les conséquences de l'inflation

Le débat sur les conséquences de l'inflation est complexe. Tous les économistes s'entendent pour voir dans l'hyperinflation un mal absolu. Les débats sont plus vifs, en revanche, dès lors que les taux d'inflation restent raisonnables. Pour certains, l'inflation est nécessaire car elle serait un « lubrifiant » indispensable au bon fonctionnement de l'économie alors que, selon d'autres, combattre les tensions inflationnistes est une priorité pour les politiques économiques.

Section 1. L'inflation favorise les agents endettés

La charge de remboursement d'un emprunt à taux fixe devient moins lourde dans un contexte de hausse des prix et des revenus.

■ *Exemple*

Un ménage dispose d'un revenu mensuel de 2 000 euros et contracte un emprunt à taux fixe sur 10 ans avec des remboursements de 200 euros par mois. Au bout de 5 ans, l'inflation cumulée est de 10 %. Le revenu du ménage progresse au même rythme que l'inflation. Au départ, les remboursements représentent 10 % du revenu du ménage (200/2 000). Au bout de 5 ans, ils n'en représentent plus que 9,09 % (200/2 200).

L'inflation favorise donc les agents structurellement endettés comme l'État et les entreprises. Pour ces dernières, l'inflation améliore, « toutes choses égales par ailleurs », la rentabilité de l'investissement productif. L'État peut plus facilement réduire sa dette et retrouver des marges de manœuvre budgétaires. L'inflation peut aussi favoriser le crédit à la consommation et, donc, la consommation. L'effet peut être amplifié si les ménages anticipent l'inflation (ils préfèrent acheter aujourd'hui des produits qu'ils paieraient plus cher demain).

Ces effets positifs pour la croissance économique peuvent toutefois être contrebalancés par des évolutions défavorables.

Les épargnants et les créanciers sont lésés. Ils risquent de réclamer une hausse des taux d'intérêt afin de se couvrir contre le risque d'inflation. Une inflation durable peut donc pénaliser les futurs emprunteurs. Les conséquences sur le niveau d'épargne sont plus ambiguës. Les agents peuvent considérer que l'inflation réduit la valeur de leur patrimoine et désirer le reconstituer (ils diminuent leur consommation et accroissent leur épargne). Ils peuvent estimer au contraire que l'effort d'épargne est mal rémunéré et augmenter excessivement leur consommation, ce qui attise les tensions inflationnistes. L'insuffisance d'épargne risque alors de pénaliser l'investissement futur.

Section 2. L'inflation entraîne des modifications dans la répartition des revenus

Tous les prix et revenus n'évoluent pas de manière identique, de sorte que les *prix relatifs* sont modifiés. Certains y gagnent, d'autres y perdent.

Les agents pénalisés sont tout d'abord les titulaires de revenus fixes ou imparfaitement indexés sur l'inflation (les retraités, par exemple). C'est aussi le cas des agents fortement exposés à la concurrence internationale, qui peuvent difficilement obtenir des hausses de salaires leur garantissant le maintien de leur pouvoir d'achat.

Les gagnants opèrent le plus souvent dans les secteurs abrités de la concurrence internationale, où les contraintes de coûts sont plus faibles et les hausses de salaires plus supportables. Les salariés les plus qualifiés sont également plus préservés que les autres.

L'inflation favorise donc, dans certains contextes, l'accroissement des inégalités. Les agents peuvent certes anticiper l'inflation pour se prémunir contre les pertes de pouvoir d'achat, ce qui limite les distorsions évoquées ci-dessus. Cependant, ces prévisions sont rarement parfaites ; par ailleurs, elles conduisent le plus souvent à accentuer les tensions inflationnistes.

Certains considèrent pourtant que l'inflation permet d'atténuer les tensions autour du partage de la valeur ajoutée. En effet, dans une économie en croissance, il est normal que les prix relatifs évoluent (en fonction des gains de productivité et des déséquilibres entre l'offre et la demande). L'inflation permettrait de dissimuler ces évolutions et de les rendre plus acceptables, dans la mesure où tous les prix et revenus augmentent.

Section 3. L'inflation, source d'incertitude, fausse l'allocation des ressources

En économie de marché, les prix relatifs doivent refléter les raretés relatives afin d'orienter les agents économiques dans l'allocation de leurs ressources. L'inflation bouleverse les prix de telle sorte qu'ils ne reflètent plus les fondamentaux de l'économie. Les entreprises ne sont plus à même d'anticiper correctement l'évolution de leurs coûts et de leurs recettes. Cela complique dangereusement l'évaluation de la rentabilité de certaines stratégies, de l'investissement en particulier. On aboutit à des comportements attentistes (des projets rentables ne sont pas entrepris par peur du risque) ou, au contraire, à des investissements dont la rationalité économique n'est pas assurée mais dont la rentabilité est artificiellement poussée à la hausse en raison de la baisse du poids réel des dettes. Dans les périodes suivantes, les capacités de production risquent de ne pas correspondre à l'état de la demande et de contraindre les entreprises à des ajustements brutaux. La croissance devient plus chaotique et incertaine.

Section 4. Inflation et déséquilibres extérieurs

Lorsqu'un pays a un taux d'inflation supérieur à celui de ses principaux partenaires économiques, la compétitivité-prix de ses produits recule. Cela conduit plus ou moins rapidement à une dégradation du solde des échanges extérieurs (les exportations diminuent alors que les importations augmentent). Cette évolution peut exercer un effet défavorable sur la croissance économique et l'emploi, dans une économie fortement ouverte sur l'extérieur.

Il s'ensuit par ailleurs des tensions sur le *taux de change de la monnaie*. La dépréciation de ce taux peut certes rétablir théoriquement la compétitivité de la production nationale. Cependant, l'ajustement peut être long et laisser place à une nouvelle dégradation du solde commercial à moyen terme *(courbe en J)*; la dépréciation provoque un renchérissement des prix des biens importés (particulièrement de ceux qui ne peuvent pas être remplacés par une production nationale, comme les hydrocarbures pour la France). Cela accentue les tensions inflationnistes *(inflation importée)* et risque de creuser les déficits initiaux si les exportations n'augmentent pas (ce qui peut être le cas si le rétablissement de la compétitivité n'est pas suffisant).

Section 5. Inflation et chômage (courbe de Phillips)

1. Les analyses keynésiennes de la courbe de Phillips

Dans les années 1950, les économistes keynésiens se sont appuyés sur la *courbe de Phillips* pour mettre en évidence une relation inverse entre le chômage et l'inflation (Solow et Samuelson) : si le chômage diminue, l'inflation s'accélère ; à l'inverse, si le chômage augmente, l'inflation baisse. Cette relation s'expliquerait par le fait que lorsque le chômage diminue, les entreprises doivent consentir des augmentations de salaires plus élevées pour attirer la main-d'œuvre et elles subissent donc des hausses de coûts de production (sous réserve que le taux de croissance des salaires soit supérieur à celui de la productivité). Il existerait un taux de chômage permettant d'assurer la stabilité des prix (le *Non Accelerating Inflation Rate of Unemployment*[3] – NAIRU). Selon cette analyse, l'inflation serait un mal nécessaire dès lors que l'on cherche à atteindre le plein emploi. Elle est un fondement des politiques de relance menées dans les années 1960 (à l'image des *politiques de « stop and go »* en Grande-Bretagne) : lorsque le chômage atteint un niveau jugé insupportable, l'État relance l'activité au risque d'une accélération de l'inflation ; lorsque celle-ci menace l'équilibre extérieur et la stabilité de la monnaie, une politique restrictive est engagée pour enrayer l'inflation au prix d'une hausse du chômage.

2. Les analyses monétaristes de la courbe de Phillips

Les *économistes monétaristes* s'opposent à cette analyse, qui justifie les politiques de relance en période d'augmentation du chômage. M. Friedman

3. En français : taux de chômage n'accélérant pas l'inflation.

estime que le NAIRU est un taux de *chômage naturel*. Le chômage naturel résulte de l'inadéquation entre les offres et les demandes de travail *(chômage structurel)* et des frictions sur le marché du travail qui retardent les appariements entre les offres et les demandes *(chômage frictionnel)*. Les économistes monétaristes estiment que le taux de chômage effectif gravite autour de son taux naturel, contrairement aux économistes keynésiens, qui retiennent une forte composante conjoncturelle du chômage. Ainsi, si les pouvoirs publics décident d'une politique de relance et qu'elle s'accompagne de création monétaire, l'inflation s'accélère. Et elle réduit le salaire réel. À court terme, les salariés ne perçoivent pas la baisse de leur pouvoir d'achat. Ils ne revendiquent pas de hausse de salaires. La demande de travail des entreprises augmente et le chômage diminue. À la période suivante, les salariés perçoivent la baisse de leur pouvoir d'achat et revendiquent des hausses de salaire *(anticipations adaptatives)*. La demande de travail diminue et le taux de chômage revient à son niveau initial mais avec des prix plus élevés. La politique de relance est efficace temporairement mais au prix d'une accélération de l'inflation.

Les *« nouveaux classiques »* (Lucas Barro) radicalisent la critique monétariste. Pour eux, les agents ne sont pas victimes d'*illusion monétaire* et ont des anticipations rationnelles. Ils anticipent immédiatement l'accélération de l'inflation et le maintien du chômage. Ils réclament des hausses de salaire et le chômage ne diminue pas. Il n'y a pas d'arbitrage entre l'inflation et le chômage, même à court terme.

Section 6. Les risques de la déflation

La baisse des prix peut également exercer des effets dangereux : les ménages préfèrent reporter leurs achats (pour payer moins cher plus tard) et les entreprises subissent une hausse du taux d'intérêt réel défavorable à l'investissement. Elles compriment par ailleurs leurs marges et les salaires. Ces facteurs se combinent pour réduire fortement la demande et risquent d'engager l'économie vers la récession.

Retenir l'essentiel

L'inflation modifie la répartition initiale des revenus et favorise les agents endettés au détriment de ceux qui détiennent des revenus fixes. Elle est source de déséquilibres extérieurs et de blocages de la croissance car elle fausse l'allocation des ressources. Elle est longtemps apparue comme un moindre mal pour favoriser la croissance économique et l'emploi. Cette capacité à arbitrer entre l'inflation et le chômage a été remise en cause par les économistes monétaristes.

Fiche 3
Les explications de l'inflation et les politiques anti-inflationnistes

Section 1. Les causes de l'inflation

1. L'explication monétaire

L'explication dominante de l'inflation repose sur l'analyse monétariste et la théorie quantitative de la monnaie, exposée dans le chapitre 3 de la partie 1 (fiche 2). Les débats relatifs à la courbe de Phillips ont permis de mieux comprendre la portée et les limites de cette analyse. Même si l'on considère que l'inflation est principalement un phénomène monétaire, il faut prendre en compte la totalité des mécanismes de propagation des tensions inflationnistes.

2. L'inflation par la demande

Pour les keynésiens, la création monétaire n'est inflationniste que si elle alimente la demande et que, par ailleurs, l'appareil de production ne peut pas y répondre. L'inflation ne peut apparaître que quand la demande augmente alors qu'on se trouve près du plein emploi. Expliquer l'inflation suppose donc de rendre compte des sources d'excès de la demande globale et des raisons pour lesquelles le processus est cumulatif, c'est-à-dire d'expliquer pourquoi les entreprises ne répondent pas à la hausse de la demande aux périodes ultérieures. Les explications les plus courantes mettent en avant le rôle de la politique budgétaire et fiscale, les comportements d'épargne et de consommation des ménages ainsi que les exportations.

3. L'inflation par les coûts de production

Les coûts de production augmentent si les prix des facteurs croissent plus vite que leur productivité. Si les coûts s'élèvent, les entreprises sont incitées à augmenter leurs prix. Leurs clients accroîtront à leur tour leurs prix s'il s'agit d'entreprises ou réclameront des hausses de salaire si ce sont des ménages. De proche en proche, un processus inflationniste en boucle risque de s'installer.

La *boucle prix-salaires* est particulièrement mise en avant par les économistes néo-cambridgiens (Kaldor, Robinson, Pasinetti) : les différents groupes sociaux sont en lutte pour le partage de la valeur ajoutée. Lorsque les salariés obtiennent des hausses de salaire, les autres groupes sociaux (entrepreneurs, propriétaires...) augmentent leurs prix pour conserver leur part du revenu national, ce qui provoque de nouvelles revendications salariales.

4. L'inflation importée

La hausse des prix des produits importés a un effet direct sur l'indice des prix. Elle engendre un processus inflationniste car elle incite les salariés à réclamer des hausses de salaire et les entreprises à augmenter leurs prix. C'est clairement le mécanisme qui a été à l'œuvre à la suite du premier choc pétrolier, en 1973.

5. Les explications structurelles de l'inflation

Les explications qui précèdent donnent des éclaircissements satisfaisants sur les sources des tensions inflationnistes. Mais elles ne rendent pas correctement compte de la persistance des déséquilibres inflationnistes. Dans une économie concurrentielle, aucun acteur ne serait en mesure d'imposer des augmentations de prix ou de salaires. Les entreprises perdraient des parts de marché, ce qui menacerait leur survie, et les salariés risqueraient de perdre leur emploi.

Les entreprises en situation de monopole ou d'oligopole peuvent plus facilement augmenter leurs prix afin de conserver leurs marges que celles qui opèrent sur un marché concurrentiel. La concentration de l'appareil productif et certaines réglementations publiques fournissent donc un terrain propice à l'émergence d'une économie inflationniste. Certains mettent aussi en avant le rôle des syndicats et des protections sociales pour expliquer l'existence d'une boucle prix-salaires.

Section 2. Les politiques de lutte contre l'inflation

1. L'émergence de la lutte contre l'inflation comme principal objectif des politiques

Durant les « Trente Glorieuses », l'inflation est tolérée dans les pays de l'OCDE au nom de la croissance économique et du plein emploi. À la fin des années 1970 et surtout au début de la décennie suivante, elle devient le principal objectif de la politique économique. En Allemagne puis au États-Unis, la désinflation est considérée, à l'époque, comme une condition de reprise de l'investissement et de l'épargne (selon une logique néoclassique). Les autres pays ont suivi avec un temps de retard afin de préserver la compétitivité de leur économie, alors que l'on commence à évoquer les contraintes nées de la mondialisation.

2. Les instruments de la lutte contre l'inflation

Les pouvoirs publics disposent de plusieurs instruments pour lutter contre l'inflation.

a) Les politiques monétaires restrictives

En suivant la logique monétariste, la lutte contre l'inflation passe par un ralentissement de la croissance de la masse monétaire. Initialement, ces politiques se sont traduites par la volonté d'agir directement sur l'évolution de la masse monétaire (politique d'encadrement du crédit – plan Barre de 1976) : la banque centrale fixait un taux de croissance de la masse monétaire et, donc, des crédits. Cette politique s'est révélée relativement inefficace. On lui reproche d'être trop rigide et de figer les positions concurrentielles des établissements de crédit. Par ailleurs, il s'est avéré de plus en plus difficile de contrôler l'évolution de la masse monétaire, du fait de la liberté de circulation des capitaux. Peu à peu, la politique monétaire appuyée sur les *taux directeurs des banques centrales* s'est généralisée (la hausse des taux aboutit *in fine* à une diminution des crédits et, donc, de la masse monétaire)[4].

Pour être efficace, la politique monétaire doit être crédible auprès des agents. Ils doivent considérer que les autorités ne changeront pas d'objectif en cours de route. C'est pourquoi les États ont rendu les banques centrales indépendantes du pouvoir politique.

b) Les politiques budgétaires et fiscales

La réduction du déficit budgétaire (baisse des dépenses et hausse des impôts) permet d'agir directement sur le niveau de la demande globale. Le recours à l'emprunt sur les marchés financiers plutôt que le financement monétaire pour couvrir le déficit budgétaire s'est par ailleurs généralisé dans la majorité des pays de l'OCDE.

c) Le contrôle des prix (blocage partiel ou total de certains prix)

Cet instrument a été fréquemment mobilisé, en France, au cours des « Trente Glorieuses ». Il permet de stopper momentanément l'augmentation des prix. Cependant, il agit sur les symptômes et pas sur les causes. La sortie du blocage des prix peut être l'occasion de phénomènes de rattrapage et, donc, d'un redémarrage de l'inflation.

4. Voir chapitre 6 (partie 2), « Les politiques économiques ».

d) La politique des revenus

Cette politique vise à fixer des normes de progression des revenus compatibles avec la stabilité des prix. En théorie, les salaires doivent progresser en fonction des gains de productivité[5]. Dans la pratique, ces politiques ont toutefois cherché à protéger le pouvoir d'achat des salariés, et les salaires ont été indexés sur l'inflation. Ces indexations favorisaient les anticipations inflationnistes ; c'est pourquoi elles ont été supprimées dans tous les pays de l'OCDE à partir des années 1980.

Les politiques de revenus représentent par ailleurs une intrusion de l'État dans le mécanisme de répartition primaire. Cette intrusion est peu appréciée des économistes libéraux, qui estiment que seuls les mécanismes de marché permettent d'aboutir à une répartition optimale des revenus.

e) La politique de la concurrence

Inspirée par les analyses de l'économie de l'offre dans les années 1980 (Laffer, Gilder et Stigler), elle vise à lutter contre les entraves à la concurrence en vue de limiter les marges de manœuvre en matière de prix. Elle repose sur le démantèlement des monopoles, notamment dans les services publics en réseaux (téléphonie, électricité, gaz, transports). Les opérations de concentration risquant de déboucher sur des positions dominantes sont écartées. Les ententes en matière de prix et de répartition des marchés sont interdites et condamnées.

Retenir l'essentiel

L'inflation est essentiellement un phénomène monétaire. Mais c'est aussi le symptôme de dysfonctionnements plus profonds de l'économie réelle : excès de demande par rapport aux capacités d'offre, hausse des coûts des facteurs supérieure aux gains de productivité et, plus généralement, dérèglement des mécanismes concurrentiels. Les politiques de lutte contre l'inflation visent à agir sur chacun de ses déterminants. Depuis le milieu des années 1970, la politique monétaire est cependant l'instrument principal de lutte contre l'emballement des prix.

5. Voir, page 112, la justification des politiques de revenus.

Chapitre 4 La mondialisation

L'internationalisation des économies n'est pas un phénomène récent. Elle a même reculé à partir des années 1930 et ce n'est qu'à la fin des années 1970 que l'on a retrouvé un degré d'internationalisation proche de celui du début du XXe siècle. Cependant, avec les années 1980, le phénomène s'est accentué à tel point que le thème de la mondialisation domine bon nombre de réflexions économiques.

La mondialisation est un phénomène complexe qui résulte des interactions souvent complémentaires et parfois contradictoires d'une multitude d'acteurs (fiche 1).

Elle a été favorisée par la diffusion des analyses théoriques libérales. Celles-ci permettent de mieux comprendre l'intérêt du libre-échange et les principes qui doivent présider à la spécialisation des économies. Cependant, les analyses théoriques contemporaines montrent que le « laisser-faire » peut engendrer des situations indésirables dès lors que la concurrence n'est pas pure et parfaite. Certains y puisent des arguments pour justifier l'adoption de politiques protectionnistes et un renouveau des politiques industrielles (fiche 2).

Le bilan de la mondialisation contemporaine ne fait pas consensus. Si les économistes libéraux insistent sur ses bienfaits, d'autres mettent en avant les contraintes paralysant l'action des États, la montée du chômage et des inégalités ainsi que l'instabilité financière croissante (fiche 3).

Fiche 1
Les caractéristiques de la mondialisation

On peut définir la mondialisation contemporaine comme *« l'abolition de l'espace mondial sous l'emprise d'une généralisation du capitalisme, avec le démantèlement des frontières physiques et réglementaires »* [1].

Section 1. Un mouvement multidimensionnel

La mondialisation recouvre trois dimensions interdépendantes [2] :

➤ l'**internationalisation,** c'est-à-dire le développement du commerce mondial depuis 1945, du fait de la généralisation progressive du libre-échange. C'est la dimension qui a dominé jusque dans les années 1960. Le volume du commerce international s'est considérablement accru (il est aujourd'hui 1 000 fois plus important qu'au début du XIXe siècle) ;

➤ la **transnationalisation** : il s'agit de l'essor des investissements et des implantations à l'étranger (investissements directs à l'étranger – IDE). C'est cette dimension qui a été la plus dynamique des années 1960 au milieu des années 1980 ;

➤ la **globalisation** : elle recouvre deux phénomènes depuis le milieu des années 1980 :
– l'émergence de réseaux mondiaux de production et de communication ;
– la *globalisation financière*, c'est-à-dire la mise en place d'un marché mondial des capitaux favorisée par la suppression des contrôles de mouvements de capitaux, les innovations financières et le développement des nouvelles technologies [3].

1. Jacques Adda, *La mondialisation de l'économie. De la genèse à la crise*, La Découverte, coll. « Grands Repères », 8e éd., 2012.

2. Nous nous limitons aux aspects économiques.

3. Voir partie 1, chapitre 3, fiche 3 (« Le financement de l'économie »).

Marché des changes, marché des capitaux

La distinction entre marché des changes et marché des capitaux recouvre celle existant entre monnaie et finance. Ainsi, le *marché des changes* désigne le marché des liquidités en devises (on échange des devises contre d'autres). Le *marché des capitaux* internationaux, quant à lui, concerne la mobilisation de l'épargne au niveau mondial.

Section 2. Un mouvement à relativiser

Les termes « mondialisation » et « globalisation » peuvent être trompeurs. En effet, ils peuvent évoquer l'image d'un maillage complet de l'économie mondiale au sein duquel toutes les « régions » de la planète seraient réellement interconnectées par des échanges commerciaux et financiers intenses. Dans la réalité, l'essentiel du commerce international concerne les pays industrialisés et se déroule dans le cadre de zones de proximité (la « Triade ») : Europe, Asie-Pacifique, Amérique du Nord. Si ce commerce interrégional se développe le plus souvent de façon spontanée, il peut susciter et être favorisé en retour par des accords régionaux conduisant à une intégration plus ou moins poussée de la zone concernée. De fait, depuis les années 1980, les accords de ce type se sont multipliés.

La Triade en quelques chiffres

Elle représente :
- 80 % du commerce mondial ;
- 70 % de la production ;
- 90 % des opérations financières.

Section 3. Les acteurs de la mondialisation

I. Les États

➤ C'est au XIXe siècle, lors de la révolution industrielle, que se met en place, sous la pression des États, une économie de marchés (marchés interconnectés et interdépendants) et que l'on assiste à la libéralisation des échanges.

Si les États imposent le libre-échange, ils sont prompts à restaurer le protectionnisme dès que les conditions économiques sont moins favorables (« tarifs Méline » de 1892 en France[4], politiques protectionnistes dans les années 1930).

➤ Au lendemain de la Seconde Guerre mondiale, les États ont pris l'initiative de restaurer les conditions du libre-échange. Ils l'ont fait au travers d'institutions internationales – Banque mondiale, Fonds monétaire international, accords du GATT (*General Agreement on Tariffs and Trade,* Accord général sur les tarifs douaniers et le commerce, qui a fait place à l'Organisation mondiale du commerce) – mais les négociations relèvent des marchandages entre les États.

➤ La globalisation financière contemporaine est le fruit des politiques de déréglementation financières suivies par les États à partir des années 1980. L'impulsion est venue de la Grande-Bretagne et des États-Unis. Les autres États ont dû suivre le mouvement afin de conserver une attractivité suffisante pour les capitaux étrangers et financer leurs déficits budgétaires.

➤ Au-delà du libéralisme affiché, les États continuent de promouvoir les intérêts de leurs entreprises et l'attractivité de leur territoire (commandes publiques, aides aux investissements ou à la recherche et à l'innovation, concurrence fiscale, construction d'infrastructures). Ils ne restent pas inactifs face aux conséquences des restructurations imposées par la concurrence internationale (politiques sociales et de l'emploi).

2. Les firmes multinationales

Une firme multinationale (FMN) est une firme qui possède ou contrôle des entreprises dans plusieurs pays.

➤ Au XIXe siècle, les FMN se sont développées afin de faciliter l'accès aux matières premières nécessaires à l'essor des activités industrielles.

4. Les tarifs Méline étaient des droits de douane qui visaient à protéger l'agriculture française de la concurrence étrangère.

➤ Dans la seconde moitié du XXe siècle, leur développement visait à accéder aux marchés locaux. La mondialisation reposait alors essentiellement sur l'expansion du commerce international.

➤ À ces logiques s'ajoute, depuis les années 1980, celle de la décomposition internationale des processus productifs (Lassudrie-Duchêne et Porter) : les firmes ont découpé les processus productifs en segments très fins. La baisse tendancielle des coûts de transport leur permet alors d'exploiter au mieux les avantages comparatifs de chaque territoire. Les IDE des firmes multinationales sont, dès lors, de plus en plus orientés vers les pays en développement et les pays émergents. Cela génère un intense commerce intra-firme (un tiers du commerce des pays développés) qui est réalisé au prix fixé par la société-mère afin d'optimiser le résultat fiscal de ses activités. Les FMN transforment par ailleurs les caractéristiques du commerce international à long terme *via* les transferts de technologie entre les pays. À terme, les pays d'accueil peuvent en tirer profit grâce à une stratégie de remontée de filière[5]. Ils deviennent exportateurs des produits qu'ils importaient. Aujourd'hui, l'externalisation à l'international touche de plus en plus certaines activités de service (comptabilité, centres d'appels téléphoniques, laboratoires de recherche). On assiste alors à l'émergence d'une nouvelle division internationale du travail.

Les investissements directs à l'étranger (IDE)

Les investissements directs sont des investissements internationaux par lesquels des entités résidentes d'une économie acquièrent ou détiennent le contrôle ou une influence importante sur la gestion d'une entreprise résidente d'une économie autre que celle de l'investisseur. Par convention, on considère qu'il y a investissement direct lorsque l'entité investisseuse acquiert ou détient au moins 10 % du capital ou des droits de vote de l'entreprise investie. Une fois la relation d'investissement direct constituée, l'ensemble des relations financières transfrontières entre l'investisseur, les sociétés qu'il contrôle, l'entreprise investie et les sociétés qu'elle contrôle (prêts, emprunts, crédits commerciaux, investissements en capital, bénéfices réinvestis) sont également considérées comme des investissements directs et comptabilisées comme tels.

Source : Banque de France *(https://www.banque-france.fr/economie-et-statistiques).*

5. Voir fiche 2 de ce chapitre, l'analyse en termes de cycle de vie du produit de Raymond Vernon, page 166.

3. Les institutions internationales

Parmi ces institutions figurent tout d'abord le Fonds monétaire international (FMI) et la Banque mondiale (BM), nés des accords de Bretton Woods de 1944. Le FMI avait pour mission de venir en aide aux pays connaissant des difficultés de balance des paiements et de stabilisation du taux de change. La BM a été chargée d'aider à la reconstruction de l'Europe d'après-guerre puis de soutenir les pays en développement. Avec l'abandon des changes fixes, la mission du FMI a évolué pour se rapprocher de celle de la BM. Ces deux institutions sont intervenues pour soutenir les pays en développement. Elles leur ont accordé des aides à condition qu'ils adoptent certaines réformes radicales favorisant l'ouverture de leur économie : abandon des politiques protectionnistes, développement des activités d'exportation, privatisation des entreprises publiques…

Il faut également citer l'Organisation mondiale du commerce (OMC), qui a remplacé en 1994 le GATT, signé en 1947 et entré en vigueur en 1948. L'objectif de l'OMC est de libéraliser tous les échanges. Dans cette perspective, elle ne produit pas de règles : elle gère des accords négociés et approuvés par les États. Les jugements de l'OMC s'imposent à eux.

4. Les marchés financiers

La globalisation financière accentue les interdépendances entre les économies :
– le niveau d'épargne d'un pays n'est plus une limite au financement des investissements ou de ses déficits publics car il peut faire appel aux capitaux étrangers (notamment les pays émergents, mais cela concerne aussi les pays industrialisés comme les États-Unis ou la France) ;
– cependant, la parfaite mobilité des capitaux constitue une contrainte pour la politique monétaire[6]. Des taux d'intérêt plus faibles que ceux pratiqués à l'étranger risquent en effet de déclencher une fuite de capitaux à la recherche de placements plus rentables ;
– la montée en puissance des acteurs de la finance au capital des entreprises rend tout à fait crédibles les menaces de délocalisation de la production

6. Voir chapitre 6.

dès lors que les firmes n'obtiennent pas les conditions de rentabilisation du capital acquises avec les localisations les plus rentables. Cela explique en partie les concessions faites en termes de flexibilité du travail dans les pays industrialisés, depuis les années 1980.

Commerce intrarégional et interrégional de marchandises en 2014 (en milliards de dollars)

Origine	Destination							
	Amérique du Nord	Amérique du Sud et centrale	Europe	CEI (1)	Afrique	Moyen-Orient	Asie	Monde
Monde	**3 195**	**744**	**6 792**	**512**	**639**	**780**	**5 485**	**18 494**
Amérique du Nord	1 251	214	379	17	43	79	504	2 493
Amérique du Sud et centrale	173	179	114	9	18	17	170	695
Europe	540	119	4 665	218	221	229	738	6 810
CEI	28	7	385	131	16	22	134	735
Afrique	39	29	201	2	98	18	152	555
Moyen-Orient	99	11	148	7	36	113	694	1 288
Asie	1 065	185	900	127	207	302	3 093	5 917

(1) Communauté d'États indépendants (dont la Russie).

Source : Organisation mondiale du commerce, 2015 *(www.wto.org/french/res_f/statis_f/)*.

Retenir l'essentiel

Le concept de mondialisation est multidimensionnel. Il recouvre le développement du commerce international et des investissements directs à l'étranger mais aussi l'émergence d'un marché mondial des biens et services et du capital. Toutefois, la portée de la mondialisation doit être nuancée dans la mesure où le développement des échanges concerne surtout les pays industrialisés. La mondialisation progresse sous l'influence de multiples acteurs (États, firmes multinationales, marchés financiers et institutions internationales). Contrairement à une idée reçue, les États impulsent davantage cette évolution qu'ils ne la subissent. Ils cherchent à promouvoir les intérêts de leur territoire et à attirer les capitaux pour financer leurs déficits budgétaires.

Fiche 2
Les analyses théoriques du commerce international

Ces analyses théoriques visent à répondre à certaines questions concernant les effets macroéconomiques de l'échange international : pourquoi un pays peut-il avoir un avantage à l'échange international ? Doit-il se spécialiser dans certaines productions ? Comment se déterminent les spécialisations ? Quels sont les effets de l'échange sur le niveau des prix, sur le bien-être des nations ? Doit-on et peut-on mettre en place des mesures protectionnistes ? Si oui, quels sont les principes qui doivent guider l'action publique ?

Section 1. L'analyse libérale du commerce international

1. La loi des avantages comparatifs de Ricardo

Pourquoi un pays a-t-il intérêt à l'échange international (et à la spécialisation dans certaines productions) ? Adam Smith (au milieu du XVIIIe siècle) avait répondu à cette question en se référant à la notion d'*avantage absolu* : un pays ne peut participer à l'échange international que s'il produit au moins un bien moins cher que tous les autres pays.

Cette règle exclut de fait du commerce international tout pays ne disposant pas d'un avantage absolu. La doctrine libérale avait besoin de faire émerger un argument plus puissant. C'est l'objectif de Ricardo avec la théorie de l'avantage comparatif.

a) L'exemple de Ricardo

Ricardo envisage les échanges de drap et de vin entre le Portugal et la Grande-Bretagne. Le Portugal a un avantage absolu dans les deux productions. Néanmoins, il maîtrise mieux la production de vin que celle de drap : le coût d'opportunité du vin (mesuré en unités de drap) est plus faible que celui du drap. C'est l'inverse en Grande-Bretagne. Le Portugal a donc un avantage comparatif dans le vin, et la Grande-Bretagne pour le drap. Ricardo montre que les deux pays ont intérêt à se spécialiser dans les productions pour lesquelles ils disposent d'un avantage comparatif, à exporter le surplus de production par rapport à la demande intérieure et à importer l'autre bien.

Dans la réalité, les échanges ne se réalisent pas par troc mais sous forme monétaire. Comparer les productivités du travail ne suffit pas. Ces analyses supposent que les salaires sont liés à la productivité du travail et que les évolutions des taux de change reflètent les parités de pouvoir d'achat.

b) Les arguments en faveur du libre-échange et de la spécialisation

➤ Si chaque pays se spécialise dans les productions pour lesquelles il a un avantage comparatif, le niveau de satisfaction (en termes de volume de biens) qu'il pourra en retirer est supérieur à celui qu'il atteindrait en autarcie.

➤ Par ailleurs, la production mondiale augmente. Tout ce qui limite l'échange international (droits de douane, règlements ou contingents d'importation) réduit l'efficacité productive de la communauté mondiale et le niveau de vie des consommateurs de chaque nation.

➤ Cependant, les gains à l'échange ne sont pas nécessairement répartis de façon équitable entre les coéchangistes. Les pays spécialisés dans les productions pour lesquelles la demande mondiale est forte ont davantage de chances d'acquérir les gains les plus élevés à l'échange.

➤ L'affirmation du principe de l'avantage comparatif ne justifie pas la doctrine du laisser-faire (c'est-à-dire la non-intervention de l'État). Un autre débat est celui de savoir quel type d'organisation de l'économie permet le mieux d'exploiter les avantages comparatifs et d'en faire émerger d'autres.

2. L'analyse néoclassique : le théorème HOS [7]

a) Les grandes lignes du théorème HOS

Cette analyse précise l'origine des avantages comparatifs : l'intensité relative en facteur de production. Ainsi, un pays richement doté en travail (par comparaison avec le capital) a un avantage comparatif dans les productions intensives en travail, alors qu'un pays relativement mieux doté en capital a intérêt à se spécialiser dans les productions intensives en capital. En effet, plus un facteur est rare, plus il est cher et moins son utilisation est avantageuse.

b) Deux théorèmes en découlent

En appliquant la loi de l'offre et de la demande (et sous certaines hypothèses), on aboutit aux deux théorèmes complémentaires suivants :
– le *théorème de Stolper-Samuelson* : les prix des facteurs doivent tendre à s'égaliser entre les nations. En effet, le pays qui se spécialise dans les productions riches en travail va connaître une rareté relative de ce facteur alors que, parallèlement, l'abandon des productions riches en capital libère du capital. Le prix du travail doit augmenter par rapport à celui du capital. Les pays spécialisés dans les productions riches en capital doivent observer une évolution contraire. Si, d'un point de vue macroéconomique, toute nation est gagnante à la libéralisation des échanges et à la spécialisation, au sein même de cette nation se déroulent des phénomènes de répartition qui peuvent léser certains groupes sociaux. La capacité d'un pays à supporter de telles restructurations dépend alors de la mobilité des facteurs entre les activités ;
– le *théorème de Rybczynski* : lorsqu'un pays connaît une croissance d'un facteur de production, c'est la production du bien intensif dans ce facteur qui augmente. Le pays obtient ainsi un glissement de son avantage comparatif en faveur de ce produit.

7. Du nom des économistes suédois Eli Heckscher et Bertil Ohlin qui, séparément, ont énoncé ce théorème, et de l'Américain Paul Samuelson, qui l'a formalisé.

c) Les raisons d'un échange interbranche entre pays très différents

Selon le théorème HOS, on devrait majoritairement observer des échanges entre pays dotés différemment en facteurs de production, des pays riches en capital (travail) important des biens intenses en travail (capital) et exportant des biens riches en capital (travail).

Section 2. Les amendements à l'analyse libérale traditionnelle

1. Les insuffisances du modèle HOS

a) Constats empiriques

➤ Même en tenant compte des différences de productivité des facteurs entre les pays ayant des niveaux de développement divers, on est loin de constater un mouvement de convergence des rémunérations.

➤ Aujourd'hui, l'essentiel du commerce international se déroule entre nations industrielles, c'est-à-dire entre pays présentant des niveaux de développement très proches. Par ailleurs, le commerce devient de plus en plus un commerce intra-branche, voire intra-produit.

b) L'origine des avantages comparatifs

Dans le théorème HOS, on se contente de constater des différences de dotation relative des facteurs. L'origine des avantages comparatifs n'est pas expliquée.

c) Toutes les spécialisations ne se valent pas en concurrence imparfaite

Que faire si un pays est spécialisé dans des productions pour lesquelles la demande mondiale est en recul et dans lesquelles les prix chutent et, avec eux, la rémunération des facteurs de production ? Une stratégie de développement peut nécessiter un petit « coup de pouce » de manière à modifier les avantages comparatifs. Que faire dans ce cas ? La théorie néoclassique n'apporte pas de réponse à cette question.

d) Aucune prise en compte du rôle des entreprises, en particulier des FMN

On raisonne en effet sur l'échange entre pays sans faire intervenir les firmes participant à celui-ci. Par ailleurs, du fait de l'immobilité supposée des capitaux (techniques et financiers), on passe sous silence le rôle essentiel des firmes multinationales dans la dynamique du commerce international.

2. Les évolutions théoriques

a) Wassily Leontief et la prise en compte du capital humain

Le paradoxe de Leontief et l'approche néo-factorielle

Selon les analyses HOS, on doit s'attendre à ce que les États-Unis exportent des biens riches en capital et importent des productions riches en travail. Or Leontief aboutit à un paradoxe : les États-Unis, qui sont *a priori* un pays richement doté en capital, sont spécialisés à l'exportation dans des productions intenses en travail.

Il propose de lever l'hypothèse d'homogénéité du travail. Les États-Unis seraient en fait richement dotés en travail qualifié en raison de la qualité de l'organisation du travail et de la formation. Ronald Findlay et Henryk Kierzkowski considèrent que l'éducation, qui transforme les travailleurs non qualifiés en travailleurs qualifiés, s'appuie sur le capital éducatif de la nation, qui dépend du niveau de capital accumulé. On en conclut qu'un pays richement doté en capital sera spécialisé dans des productions intensives en travail qualifié.

Application

Finalement, les pays occidentaux apparaissent richement dotés en travail qualifié, au détriment du travail non qualifié. Le prix de ce dernier devrait baisser. C'est un argument supplémentaire utilisé par les économistes libéraux pour justifier la baisse de certains salaires en période de chômage.

b) La hiérarchisation des avantages comparatifs

En étendant l'analyse à un ensemble de pays (au lieu de deux pays), on peut faire apparaître une chaîne des avantages comparatifs.

Les pays occidentaux semblent relativement mieux dotés en capital que les autres. Cependant, le groupe de ces derniers n'est pas homogène : les nouveaux pays industrialisés (NPI) sont à leur tour mieux dotés en capital et en travail qualifié que les pays en développement (PED), lesquels sont en avance, de ce point de vue, sur les pays les moins avancés (PMA).

Il faut par ailleurs tenir compte de la distance économique, un concept multidimensionnel qui fait intervenir la distance géographique, le niveau de développement, les structures politiques et sociales, la langue, la culture… Les échanges s'effectuent plus facilement entre pays « proches » économiquement.

Si l'on combine ces deux dimensions de l'analyse, un pays B va ainsi importer en provenance d'un pays A des produits riches en capital et exporter vers ce pays des productions intenses en travail, alors qu'il va exporter vers un pays C des produits plutôt riches en capital et en importer des productions riches en travail. Les échanges peuvent éventuellement porter sur un même produit mais avec des caractéristiques techniques différentes.

c) La théorie de la demande représentative de Staffan B. Linder

Les principes de l'analyse de la demande représentative

Les entreprises se consacrent d'abord à leur marché intérieur. Les économies d'échelle réalisées sur le marché national leur permettent ensuite de se placer de façon compétitive à l'exportation.

Dans cette analyse, la compétitivité dépend, en premier lieu, du niveau de la demande nationale. Le manque de compétitivité d'une nation à l'exportation peut être le résultat d'une croissance insuffisante, qui pénalise l'investissement productif et aboutit à une productivité insuffisante. On met alors en avant le rôle que peut jouer la politique conjoncturelle.

Applications

➤ Cette analyse permettrait d'expliquer la prédominance du commerce entre des nations ayant un niveau de développement et un mode de vie proches. Le marché étranger est alors une simple extension du marché national.

➤ Certains de ces arguments sont évoqués pour éclairer le manque de compétitivité des firmes européennes en matière de nouvelles technologies par rapport à leurs concurrentes américaines, en raison des écarts de taux de croissance entre les deux continents.

d) Le rôle des technologies

Les analyses évolutionnistes

Lorsqu'une firme innove, elle dispose pendant quelque temps d'un certain monopole à l'exportation, ce qui peut conférer un avantage comparatif au pays où elle est implantée. Mais l'innovation ne tombe pas du ciel. Les efforts en recherche-développement (RD) sont donc essentiels dans la dynamique des innovations et des avantages comparatifs. Par ailleurs, les économistes évolutionnistes estiment que le progrès technique résulte non seulement des recherches, mais aussi d'apprentissages et de routines qui émergent au cours de la production. Autrement dit, l'innovation dépend fortement du passé de l'entreprise au sein de laquelle elle mobilise tous ces savoir-faire (ses compétences foncières).

Ainsi, même si les transferts technologiques érodent continuellement les avantages des nations occidentales au profit des NPI, l'écart peut être maintenu par à un effort incessant d'innovation.

Le cycle de vie du produit

Raymond Vernon reprend l'idée d'écart technologique et l'intègre dans l'étude du cycle de vie du produit, ce qui permet d'introduire le rôle de l'évolution de la demande et de l'organisation du travail. Le cycle de vie du produit se compose de quatre phases :

1) la *phase d'innovation*. Le produit est intensif en technologie (capital, travail qualifié). Il ne fait pas l'objet d'un échange international. Le prix est élevé (les coûts fixes et l'absence de standardisation imposent des coûts

de production importants). Le produit satisfait la demande nationale des consommateurs disposant d'un haut niveau de revenu ;

2) l'apparition des *exportations*. Le prix du produit a baissé peu à peu, sous l'influence de l'augmentation de la demande nationale. Le producteur cherche à étendre son marché. Les marchés touchés restent cependant les pays à haut niveau de vie où le mode de vie est proche de celui du pays innovateur ;

3) et 4) l'apparition d'une *concurrence internationale* et de *flux intra-branche*. Le produit s'est banalisé. L'extension des marchés permet une standardisation rentable de celui-ci (la compétitivité se joue essentiellement sur le prix de vente). Le rôle du travail qualifié s'amenuise. Les pays riches en travail disposent alors d'un avantage comparatif. Le pays innovateur devient importateur. Les firmes innovatrices doivent tenter d'améliorer le produit, de se spécialiser sur des « niches compétitives » (compétitivité hors prix) ou de se reconvertir car, par ailleurs, la saturation du marché (taux d'équipement élevé) rend son extension difficile. Une autre solution consiste pour ces firmes à délocaliser leur production pour profiter des avantages comparatifs de ces pays. Elles sont alors amenées à faire émerger une nouvelle division internationale du travail, dans la mesure où elles n'implantent pas la totalité d'un processus productif dans un pays mais le décomposent en fonction des avantages comparatifs.

➤ Ces analyses rendent assez bien compte de la remontée de filière des pays d'Asie du Sud-Est dans la production de certains biens industriels (textile, automobile, informatique, etc.).

➤ Elles montrent que le développement des pays les moins avancés (PMA) est possible et que les pays occidentaux peuvent limiter les traumatismes économiques et sociaux d'une perte de compétitivité-prix dans certaines productions. Cela dépend de leur capacité à maintenir un écart technologique grâce aux innovations (rôle de la RD et de la formation) et à faire jouer de manière soutenable la mobilité du travail (influence du fonctionnement du marché du travail, politique sociale...).

Section 3. Les analyses en termes de concurrence imparfaite

Le modèle HOS suppose que soient *a priori* réunies les conditions de la concurrence pure et parfaite. Que se passe-t-il dès lors que l'on raisonne en concurrence imparfaite ?

1. Les externalités

Un agent crée une externalité positive lorsqu'il procure à autrui un avantage, une utilité gratuite ou au contraire une désutilité (on parle d'« effet externe négatif »), un dommage sans contrepartie monétaire.

Application

➤ Si une industrie exerce des effets positifs sur le reste de l'économie, il peut être intéressant de la protéger, même si elle n'est pas compétitive. L'instrument le plus approprié est sans doute la subvention mais, dans certains cas, cela peut passer par des droits de douane sur les importations, des quotas d'importations…

➤ Il est difficile de déceler avec certitude les activités qui exercent un effet externe positif et qui, de ce fait, méritent un soutien de la puissance publique. Il ne suffit pas d'identifier des effets externes positifs, il faut aussi montrer que le coût des protections et le coût d'opportunité du recours à la production nationale plutôt qu'aux importations sont inférieurs aux gains. Les indicateurs fiables et indiscutables font cruellement défaut.

2. Les rendements croissants

L'analyse libérale repose intégralement sur des rendements constants. Or l'hypothèse selon laquelle il existe des rendements croissants n'est pas absurde. Ces derniers peuvent apparaître du fait des économies d'échelle.

a) Le modèle

La production dans un secteur est réalisée avec des économies d'échelle. Un pays A s'engage le premier dans la production du bien. Après satisfaction de la demande nationale, la ou les entreprises de A ont intérêt à tenter d'exporter, en raison des rendements d'échelle (baisse des coûts de production). Le marché extérieur est une simple extension du marché intérieur. L'existence d'économies d'échelle est une explication plausible de l'échange international.

Par ailleurs, celles-ci confèrent un avantage en termes de coût qui peut constituer une *barrière à l'entrée* de concurrents sur le marché.

b) Les implications

➤ Si la baisse des coûts est répercutée en partie sur le prix de vente des produits dans le pays d'origine, on peut conclure que, pour lui, l'échange international est source de bien-être.

➤ Des activités industrielles qui apparaissent par hasard dans une région se développent et s'autorenforcent grâce notamment aux économies d'échelle (on parle de « rendements d'échelle d'adoption »). Si les économies externes sont élevées, l'ouverture des frontières et la baisse des coûts de transport favorisent la spécialisation et la concentration de la production en un seul endroit.

➤ Dans l'exemple ci-dessus, le maintien d'un minimum de concurrence au niveau international peut nécessiter des politiques protectionnistes transitoires dans d'autres pays (du fait des barrières à l'entrée).

➤ La tentation est grande pour les pouvoirs publics de favoriser, par le biais d'une politique commerciale stratégique, les entreprises qui opèrent dans des activités à rendements croissants, afin de leur assurer un monopole mondial[8]. L'efficacité d'une telle politique dépend toutefois des réactions des autres pays. Les mesures de rétorsion peuvent annuler l'avantage potentiel[9]. La guerre des prix et des subventions peut alors tourner au gaspillage (les producteurs en profitent mais pas les consommateurs, pour un coût public élevé).

---

8. James Brander et Barbara Spencer.

9. Robert Axelrod.

➤ Les deux derniers arguments montrent qu'en présence de rendements croissants, les avantages de l'échange international sont potentiellement plus élevés que ce que promet le théorème HOS, mais ils sont plus incertains et leur répartition est plus aléatoire.

3. La différenciation des produits

Ces analyses s'inspirent des thèses de la concurrence monopolistique.

➤ Pour les entreprises, la différenciation est une tentative pour échapper à la concurrence. L'entreprise dispose d'un marché spécifique. Pendant un certain temps, elle a des marges de manœuvre sur le prix de vente.

➤ L'échange international augmente le choix des consommateurs, donc le bien-être des populations. L'étendue du choix dépendra des différences de production entre les pays.

➤ Mais les consommateurs peuvent en retirer d'autres avantages. Le problème de la différenciation est que la taille des marchés peut être trop faible pour réaliser des économies d'échelle. L'échange international permet justement l'extension du marché et la baisse des coûts moyens. Si les gammes de produits sont identiques d'un pays à l'autre, il s'ensuivra par ailleurs une concurrence qui devrait faire disparaître certains producteurs et baisser le prix de vente (Kelvin Lancaster). Cela peut également déboucher sur l'élimination des produits de moins bonne qualité (Paul Krugman).

Retenir l'essentiel

Les analyses théoriques libérales justifient le libre-échange à partir du principe des avantages comparatifs. Chaque pays doit se spécialiser dans les productions qui utilisent le facteur de production le plus abondant sur son territoire. Néanmoins, certaines prédictions de ces analyses ne se vérifient pas : on n'assiste pas à une convergence des rémunérations et les échanges concernent surtout des pays aux dotations factorielles proches. Les enrichissements du modèle de base par la prise en compte des différences de capital humain, du rôle de la demande interne, de la distance économique et de l'impact des innovations technologiques permettent de rendre davantage compte des phénomènes observés. Les analyses en termes de concurrence imparfaite montrent que l'avantage initial pris par une firme ou un pays peut avoir tendance à se renforcer, de sorte que les bienfaits de la concurrence ne sont plus au rendez-vous. Elles apportent alors une justification à la mise en place de politiques protectionnistes transitoires. L'identification des activités qui doivent être soutenues n'est cependant pas aisée et ces politiques risquent d'aboutir à un gâchis de ressources rares.

Fiche 3
Les conséquences de la mondialisation

Section 1. Un bilan positif pour les libéraux

La mondialisation permet de *profiter des avantages comparatifs* des territoires et, ainsi, d'augmenter la production mondiale à moindre coûts. La concurrence au niveau mondial est censée conduire à l'augmentation du niveau de vie et à la satisfaction des consommateurs en rognant les marges des monopoles et des oligopoles nationaux. La libre circulation des capitaux favorise leur allocation optimale puisqu'ils se placent là où les rendements attendus sont les meilleurs. Cela représente une chance pour les pays en développement, qui peuvent ainsi alléger l'effort d'épargne préalable pour financer les investissements. La pression des marchés constitue enfin une incitation pour les pouvoirs publics à adopter des politiques économiques plus efficaces et favorise la diffusion des « meilleures pratiques ». Sur la scène mondiale, les pays qui ont connu les plus fortes augmentations du PIB par habitant sont ceux qui ont accepté d'ouvrir leur économie sur l'extérieur.

Néanmoins, la mondialisation est également porteuse de déséquilibres et de dysfonctionnements.

Section 2. Mondialisation et chômage dans les pays industrialisés

➤ Plusieurs effets peuvent se conjuguer pour contribuer à l'augmentation du chômage dans les pays industrialisés. Lorsque les entreprises nationales ne sont pas assez compétitives, elles perdent des marchés, licencient et, à l'extrême, disparaissent. Elles peuvent aussi délocaliser tout ou partie de leur production. Enfin, il faut tenir compte du fait que la pression concurrentielle oblige les entreprises à réaliser des gains de productivité qui peuvent être défavorables à l'emploi (du moins à court terme).

➤ Depuis une vingtaine d'années, la concurrence déloyale des pays à bas salaires (et à monnaie sous-évaluée) est souvent présentée comme l'explication principale de la montée du chômage dans les pays industrialisés. Pourtant, les études empiriques conduisent le plus souvent à la mise en évidence d'un effet mesuré du commerce international sur l'emploi. Les méthodes d'estimation de ces effets sont multiples et aboutissent à des résultats contrastés et incertains. La majorité des études estiment que la concurrence des pays à bas salaires serait responsable de 10 à 15 % de la réduction de l'emploi industriel dans les pays industrialisés (principalement les emplois les moins qualifiés). Le phénomène semble cependant s'amplifier depuis 2002 et touche à présent certaines activités de service.

Les délocalisations

On désigne par « délocalisation » l'ouverture d'une unité de production à l'étranger, concomitante de la fermeture d'une unité locale, sans que soit affectée la destination des biens produits, ce qui implique alors un nouveau flux d'importations ou diminue les flux d'exportations.

Une autre acception de la délocalisation est le recours à la sous-traitance étrangère en remplacement d'une production locale.

Enfin, dans une version étendue, la délocalisation désigne la création d'une unité de production à l'étranger plutôt que sur le territoire national. Cette extension pose problème car, dans certains cas, le site national n'avait aucune chance de pouvoir produire pour les marchés visés, à cause de coûts de transport, de droits de douane ou d'autres contraintes. De nombreuses opérations de ce type sont souvent classées abusivement sous le terme « délocalisations », qui finit par ne plus avoir de sens précis.

Section 3. Les contraintes sur les politiques économiques

I. Les politiques budgétaires et fiscales sont placées sous surveillance

➤ Un déficit public important oblige l'État à emprunter sur les marchés financiers. « Toutes choses égales par ailleurs », cela favorise la hausse des taux d'intérêt et donc la baisse du prix de revente des obligations. Ainsi, l'accroissement des déficits incite les agents à réclamer immédiatement une augmentation des taux afin de se prémunir contre ce risque. À défaut, la liberté de circulation des capitaux leur permet de trouver des placements plus lucratifs.

➤ Les États sont engagés dans une *concurrence fiscale* pour attirer les capitaux et les IDE. Ce moins-disant fiscal réduit la capacité de l'État à offrir des biens publics et une politique sociale.

2. La politique industrielle encadrée par les règles de la concurrence

➤ Les États peuvent être tentés de favoriser le développement de leur industrie par des politiques protectionnistes ou des subventions à l'investissement. Toutefois, ces politiques entrent en contradiction avec les règles de la concurrence de l'OMC (lesquelles sont parfois renforcées au sein de l'Union européenne)[10]. Les politiques axées sur une activité ou un secteur s'estompent en faveur de politiques visant à faire émerger un environnement favorable à l'investissement et à l'innovation (financement d'infrastructures, de la recherche et de l'éducation supérieure).

➤ Les contraintes budgétaires, les règles de la concurrence et la nécessité de trouver des partenaires étrangers ont conduit à réduire sensiblement le périmètre des services publics dans les pays de l'OCDE. Le service public subsiste dans la mise en place et l'entretien des réseaux mais la concurrence devient progressivement la règle dans la distribution (exemples : téléphonie, électricité).

Section 4. Un système financier plus instable[11]

Les chocs financiers sur un marché, même localisé, ont de plus en plus de répercussions sur d'autres places financières. Ainsi, les investisseurs ayant subi des pertes en Asie lors de la crise financière des années 1990 ont vendu leurs actifs financiers au Brésil pour retrouver suffisamment de liquidité et ont déclenché un krach financier dans ce pays. En 2008, la crise des « *subprimes* » aux États-Unis a mis en difficulté de grandes banques européennes engagées sur ces marchés. Les États européens ont dû mobiliser des sommes considérables pour les soutenir car leur défaillance menaçait

10. Voir chapitre 6.

11. Voir chapitre 3.

la stabilité du système financier. Il en est cependant résulté une raréfaction des crédits et une récession coûteuse en emplois.

Section 5. L'évolution des inégalités

1. Entre les nations

Les inégalités de niveau de vie entre nations avaient fortement augmenté à partir de la révolution industrielle. Elles se sont sensiblement réduites au cours des vingt dernières années, en grande partie grâce aux performances des *pays émergents*. La mondialisation a hissé *« plusieurs centaines de millions de personnes au-dessus du seuil de pauvreté »* [12]. Les inégalités se sont en revanche accrues entre les pays industrialisés et les pays les moins avancés (d'Afrique, notamment).

2. À l'intérieur des nations industrialisées

➤ Au sein des nations industrialisées, les inégalités de niveau de vie s'étaient fortement réduites au cours du XXe siècle (en particulier pendant les « Trente Glorieuses »). Puis elles se sont creusées dans le cadre d'une grande précarisation des emplois qui amplifie les inégalités perçues par la population.

➤ Cependant, les études empiriques aboutissent en général à la conclusion que ces évolutions ne seraient que pour une faible part la conséquence de la mondialisation et elles mettent davantage en cause le progrès technique. Ces études doivent toutefois être interprétées avec une grande prudence car il est possible que le progrès technique soit en partie une réponse à la pression concurrentielle internationale.

---

12. François Bourguignon, *La mondialisation de l'inégalité*, Seuil, coll. « La République des idées », 2012.

Retenir l'essentiel

Les économistes libéraux mettent en avant les bienfaits de la mondialisation. Le développement du commerce international permet de bénéficier des avantages comparatifs de chaque territoire et la globalisation favorise une allocation des ressources rares. Les pays en développement auraient par ailleurs tiré profit de leur insertion internationale. Néanmoins, la mondialisation s'accompagne aussi de certaines tensions et de dysfonctionnements. Les politiques économiques sont davantage contraintes et limitent parfois les marges de manœuvre des États industrialisés qui sont confrontés à la montée des délocalisations, du chômage et des inégalités. En outre, la globalisation financière a fait émerger un système financier plus instable au sein duquel les difficultés financières de certains territoires ont tendance à se diffuser à l'ensemble de l'économie mondiale.

CHAPITRE 5

Les pays en développement

« Le développement est la combinaison des changements mentaux et sociaux d'une population qui la rendent apte à faire croître cumulativement et durablement son produit réel global »[1]. Le développement est donc un phénomène qualitatif de transformation sociale qui dépasse l'accumulation de richesses et, par conséquent, la croissance économique.

La prise de conscience des écarts de développement entre les pays industrialisés et ceux qu'Alfred Sauvy appelle le « tiers-monde » date des années 1950. Les pays en développement (PED) présentent certaines caractéristiques que l'on tente de résumer par des indicateurs de développement. Ces derniers sont multiples et chacun d'eux traduit une certaine vision du développement et du progrès (Fiche 1).

Les explications du développement n'échappent pas aux oppositions que l'on constate sur d'autres thèmes économiques. Pour les économistes libéraux, la situation des PED peut s'analyser comme un simple retard de développement qui peut être dépassé dès lors que ces pays mettent en place des structures compatibles avec l'économie de marché. D'autres considèrent que l'on peut parler d'un blocage de développement. La dépendance vis-à-vis des économies industrialisées est la principale explication avancée pour rendre compte de ce blocage (fiche 2).

Dans les années 1950, les stratégies de développement adoptées sont surtout inspirées par les analyses en termes de dépendance et font une large place aux interventions de l'État. Les années 1980 consacrent au contraire

1. François Perroux, *L'économie du XXe siècle*, Presses universitaires de Grenoble, 1961.

une approche plus libérale des stratégies de développement. Les échecs des unes et des autres invitent aujourd'hui à se pencher sur des analyses moins tranchées (fiche 3).

Fiche 1
Caractériser le sous-développement

Section 1. Les caractéristiques des pays en développement (PED)

Les principales caractéristiques des PED sont :
– une économie désarticulée : le secteur moderne (industrie) n'exerce par d'effet d'entraînement sur le secteur traditionnel ;
– une forte croissance démographique : le taux de natalité est élevé en raison d'une forte fécondité. Mais l'espérance de vie est faible à cause d'une mortalité élevée ;
– une faible insertion dans les échanges internationaux (biens et services, capitaux, connaissances scientifiques) ;
– une pauvreté de masse et de fortes inégalités : la main-d'œuvre disponible est largement sous-utilisée et les revenus sont bas. En conséquence, les besoins fondamentaux ne sont pas couverts ;
– une insécurité environnementale, sanitaire et politique.

Cependant, les PED ne constituent pas un groupe homogène. Quelques-uns ont clairement amorcé leur développement et ont obtenu des améliorations sensibles de certains indicateurs de développement (réduction de la pauvreté notamment). Ces pays sont même devenus des puissances industrielles qui comptent : il s'agit des NPI d'Asie. Depuis les années 1980, d'autres pays ont également engagé leur « décollage » ; on les appelle les « pays émergents » (Chine, Brésil). Enfin, un grand nombre de PED n'ont pas vu leur situation s'améliorer ; elle s'est même parfois dégradée (des pays africains essentiellement).

Cet éclatement de ce que l'on a appelé le « tiers-monde » impose aujourd'hui de disposer d'indicateurs permettant de mieux apprécier le niveau de développement des différents pays et de les comparer entre eux.

Section 2. Les indicateurs du développement

1. Une conception monétaire de la richesse

La Banque mondiale s'appuie sur le revenu national brut par habitant pour comparer les niveaux de développement des pays. Elle distingue les économies à faible revenu, à revenu intermédiaire et à revenu élevé. Les économies à faible revenu et à revenu intermédiaire sont généralement qualifiées d'« économies en développement ».

Revenu moyen par habitant selon les différentes catégories d'économie

Types d'économie	Revenu national brut par habitant (R) (en dollars)
Économies à faible revenu	R < 1 025
Économies à revenu intermédiaire :	
– tranche inférieure	1 026 < R < 4 035
– tranche supérieure	4 036 < R < 12 475
Économies à revenu élevé	R > 12 476

Source : *http://blogs.worldbank.org/opendata/fr/nouvelle-classification-des-pays-en-fonction-de-leur-revenu-actualisation-2016.*

2. Dépasser la conception monétaire de la richesse

Mesurer le niveau de développement à partir du PIB ou du revenu national (RN) signifie que l'on considère que le développement est corrélé à la croissance économique. Or non seulement ces indicateurs ne mesurent pas parfaitement la progression de la production mais, surtout, ils ne prennent pas en compte les performances en matière d'espérance de vie, de mortalité infantile, d'éducation, de santé, d'inégalités de revenus, d'inégalités entre les sexes ou de démocratie. La croissance économique ne suffit pas pour obtenir des progrès dans ces domaines.

Depuis 1990, le Programme des Nations unies pour le développement (PNUD) publie l'indice de développement humain (IDH), censé évaluer les performances relatives des pays dans les domaines évoqués ci-dessus. L'IDH synthétise trois indicateurs, mesurés de 0 à 1 : un indicateur de longévité (espérance de vie à la naissance), un indicateur d'instruction (temps moyen passé à étudier) et un indicateur de niveau de vie (revenu national par habitant). Il publie également un indice ajusté des inégalités qui intègre un indice d'inégalités de genre (inégalités hommes/femmes) et un indice de pauvreté multidimensionnelle (nombre moyen de privations auxquelles est confronté un ménage).

Le tableau ci-contre, comparant le classement en termes d'IDH et celui en termes de revenu national par habitant, montre clairement qu'il n'existe pas de lien systématique entre richesse et niveau de développement humain. Un chiffre positif (négatif) dans la 5e colonne (rang RN/h – rang IDH) traduit en effet un meilleur (moins bon) classement en termes d'IDH qu'en termes de revenu national par habitant.

Niveaux de développement humain en 2014 selon le PNUD

Groupes de pays	IDH (1)	IDHI (2)	RN/h (3) (en dollars)
Pays à développement humain très élevé	0,896	0,788	41 584
Pays à développement humain élevé	0,744	0,600	13 961
Pays à développement humain moyen	0,630	0,468	6 353
Pays à développement humain faible	0,505	0,343	3 085
États arabes	0,686	0,512	15 722
Asie de l'Est et du Pacifique	0,710	0,572	11 449
Europe et Asie centrale	0,748	0,651	12 791
Amérique latine et Caraïbes	0,748	0,570	14 242
Asie du Sud	0,607	0,433	5 505
Afrique subsaharienne	0,518	0,345	3 363
Pays les moins développés	0,502	0,347	2 387
Monde	**0,711**	**0,548**	**14 301**

(1) Indice de développement humain.
(2) IDH ajusté aux inégalités.
(3) Revenu national par habitant en dollars 2011 (parité de pouvoir d'achat).

Source : PNUD, « Rapport sur le développement humain 2015 ».

Comparaison des classements en termes d'IDH et en termes de RN/h en 2014

Rang IDH	Pays	IDH	RN/h (en dollars)	Rang RN/h – rang IDH
2	Australie	0,935	42261	17
9	Nouvelle-Zélande	0,913	32689	23
6	Irlande	0,916	39568	16
13	Liechtenstein	0,908	79851	– 10
31	Brunei Darussalam	0,856	72570	– 26
32	Qatar	0,850	123124	– 31
49	Monténégro	0,802	14558	27
76	Géorgie	0,754	7164	40

Source : PNUD, « Rapport sur le développement humain 2015 ».

Retenir l'essentiel

Les pays du tiers-monde présentent des caractéristiques communes : dualisme croissance démographique forte/insertion faible dans le commerce international et, bien entendu, grande pauvreté de la majorité de la population. Néanmoins, le « tiers-monde » n'est pas homogène. Certains pays ont amorcé leur rattrapage par rapport aux pays industrialisés. Des indicateurs sont nécessaires pour rendre compte de cette diversité. Les indicateurs synthétiques comme l'IDH du PNUD sont aujourd'hui préférés aux indicateurs strictement monétaires, tel le PIB/habitant de la Banque mondiale.

Fiche 2
Les explications du sous-développement

Section 1. Les analyses en termes de retard de développement

1. Le modèle de Rostow

Walt Rostow analyse les phases du développement des pays industrialisés et estime que les PED doivent emprunter une voie identique. Il considère le sous-développement comme un simple retard de développement et, selon lui, il n'existe pas de différences fondamentales entre les économies.

2. Les cinq phases du développement

a) Les sociétés archaïques

L'archaïsme concerne essentiellement l'attitude par rapport à la croissance économique. La société est imprégnée d'une certaine forme de fatalité et l'organisation de la production répond davantage aux contraintes des besoins élémentaires qu'à la recherche de la croissance.

b) Les conditions préalables au décollage

La mentalité évolue, elle est de moins en moins marquée par la fatalité et de plus en plus favorable au progrès économique. Cela permet l'adoption de nouvelles techniques qui élèvent la productivité.

Le cadre politique et social se transforme aussi : on assiste à l'avènement d'un État centralisé – au détriment de la féodalité – et à celui de la bourgeoisie industrielle et commerçante – aux dépens des grands propriétaires terriens.

c) Le démarrage ou *take-off*

Le décollage est rendu possible par quelques activités motrices permettant de dégager des profits qui sont réinvestis dans d'autres activités. Elles constituent des débouchés pour les autres productions grâce à leurs commandes directes mais aussi aux revenus qu'elles distribuent. Enfin, les progrès techniques réalisés permettent d'accroître l'efficacité de la production. L'investissement occupe alors une place importante dans l'avènement d'un processus cumulatif.

d) La marche vers la maturité

Les innovations techniques apparues dans les industries motrices se généralisent. Le processus de croissance peut se consolider. De nouvelles forces prennent le relais de celles qui sont à l'origine du décollage.

e) L'ère de la consommation de masse

La hausse des revenus permet d'atteindre un niveau de vie élevé et d'adopter un mode de vie fondé sur la consommation de masse.

3. Une vision optimiste

L'optimisme de Rostow est renforcé par les théories néoclassiques de la croissance économique, en particulier les analyses de Solow, selon lesquelles les économies sont appelées à converger dans le long terme.

Les économistes libéraux estiment par ailleurs que les PED peuvent accélérer le processus de rattrapage grâce à une insertion plus profonde dans l'économie internationale qui leur permettrait de bénéficier de transferts de technologies et de capitaux. Les théoriciens de la croissance endogène expliquent cependant que ces transferts sont inefficaces pour les nations qui n'ont pas suffisamment investi dans l'éducation et les infrastructures.

Section 2. Les analyses en termes d'inadaptation des structures

1. Le dualisme

Selon Arthur Lewis, deux secteurs coexistent au sein de l'économie : un secteur moderne – dans lequel les gains de productivité sont élevés – et un secteur traditionnel rural – où la productivité est faible. Ce dernier peut monopoliser la main-d'œuvre disponible et empêcher le développement de l'industrie. Il peut au contraire libérer une main-d'œuvre très abondante et exercer une pression à la baisse des salaires dans l'industrie, de sorte que les gains de productivité ne se traduisent pas par une hausse du pouvoir d'achat.

Ragnar Nurkse considère que le dualisme peut déboucher sur un « cercle vicieux » du sous-développement. La faiblesse des revenus entraîne celle de la demande et de l'épargne, donc celle de l'investissement. Les gains de productivité ralentissent et, par conséquent, les perspectives d'augmentation des revenus sont limitées.

2. Les imperfections du marché

a) Le rôle des institutions

Pour Douglass North, les institutions des PED sont défavorables au progrès économique. Les droits de propriété sont mal définis et mal protégés à cause des lacunes de l'État de droit et de la corruption. La lourdeur des démarches administratives et l'incertitude quant aux prix du marché (due à la technique du « marchandage ») élèvent considérablement les coûts de transaction (coûts de fonctionnement du marché). Il s'ensuit un blocage de l'initiative privée et des gaspillages de ressources rares qui annihilent les perspectives de croissance économique.

b) L'imperfection de l'information

Comme Douglass North, Joseph Stiglitz estime qu'il faut tenir compte du cadre économique dans lequel les opérations économiques sont effectuées. Il cherche à comprendre les fondements microéconomiques de l'existence d'institutions et de pratiques privées réputées inefficaces. Il explique ainsi que le métayage (location de la terre en échange d'une partie de la récolte) peut s'analyser comme le résultat rationnel du calcul du propriétaire et du métayer face au rationnement du crédit consécutif à l'imperfection de l'information (chaque partenaire apporte les facteurs dont l'autre manque). Le métayage permet aussi un partage des risques entre le propriétaire et le métayer en situation de forte incertitude sur le résultat des récoltes et les prix des produits.

Section 3. Les analyses en termes de dépendance

Ces analyses ont en commun de considérer que les blocages du développement des PED (appelés aussi « périphérie ») s'expliquent par la domination des pays industrialisés (ou « centre »). Celle-ci serait l'héritage de l'essor du capitalisme dans le cadre du colonialisme.

Raúl Prebisch insiste sur le fait que les FMN cantonnent les PED dans la production de produits primaires pour lesquels les cours sont instables, ce qui conduit à une détérioration des termes de l'échange (les prix des exportations augmentent moins vite que ceux des importations). Pour les auteurs néo-marxistes (Paul Baran, Samir Amin), les capitalistes des nations industrialisées exploitent les travailleurs des pays sous-développés afin de restaurer leurs taux de profit sur les marchés occidentaux. Cette exploitation provoque un transfert de richesse des pays pauvres vers les pays riches. Dans cette optique, le développement du « centre » s'opère au détriment des pays de la « périphérie ».

Retenir l'essentiel

Les analyses du sous-développement sont diverses. Pour certains, il s'agit d'un simple retard qui peut être comblé si les PED s'insèrent correctement dans l'économie mondiale et mettent en place des institutions plus efficaces. D'autres estiment, en revanche, que le blocage est profond car il résulterait de la domination exercée par les pays du « centre » sur la « périphérie ». Le sous-développement serait alors une conséquence du fonctionnement du capitalisme, ce qui obligerait les pays du tiers-monde à adopter des stratégies de rupture.

Fiche 3
Les stratégies de développement

Section 1. Les stratégies dirigistes

Les stratégies adoptées dans le contexte de la décolonisation des années 1950 ont toutes en commun de privilégier l'industrie grâce aux interventions de l'État.

1. Les stratégies autocentrées

Ces stratégies sont fortement influencées par les analyses en termes de dépendance.

a) L'industrialisation par substitution aux importations [2]

Elle consiste à substituer progressivement les productions nationales aux importations. L'industrie nationale en développement doit bénéficier d'une demande interne suffisante, ce qui explique la mise en place de mesures protectionnistes et d'une réforme agraire destinée à redistribuer les revenus aux plus démunis. Les investissements massifs sont réalisés par les États soit par création monétaire, soit grâce à l'endettement international. Les pays privilégient tout d'abord les productions basiques pour opérer, par la suite, une remontée de filière (produits plus sophistiqués) et proposer une production diversifiée.

b) Les industries industrialisantes [3]

L'État oriente les investissements en direction de secteurs stratégiques afin de constituer des pôles de croissance qui doivent exercer un effet d'entraînement sur les autres activités. L'industrie lourde est ainsi censée

2. Cette stratégie a concerné l'Amérique latine, la Corée, les Philippines, le Sénégal et le Kenya.

3. Inde et Algérie.

favoriser la mécanisation des autres activités (agriculture et industries primaires) alors que l'industrie de biens primaires doit fournir les consommations intermédiaires au reste de l'industrie. Elle constitue également des débouchés pour l'industrie lourde.

c) Le bilan des stratégies autocentrées

Ces stratégies n'ont pas donné les résultats attendus. L'étroitesse du marché intérieur ne permettait pas la rentabilisation des investissements. La bureaucratisation des firmes, l'étatisation et l'absence de concurrence ont conduit à des choix inefficaces. Dans ces conditions, les pays qui ont eu recours à ces stratégies ont vu s'accroître leur dépendance vis-à-vis de l'extérieur (technologie, biens de consommation, capitaux), ce qui a abouti à l'explosion de l'endettement.

2. Les stratégies extraverties

a) L'exportation de produits primaires

Les PED ont des ressources abondantes en produits primaires (ressources naturelles, produits agricoles) et il est conforme à la logique de la théorie des avantages comparatifs qu'ils se spécialisent dans ces productions. Les recettes issues des exportations peuvent servir au financement de l'industrialisation.

Cependant, les PED se trouvent dans une situation délicate sur ces marchés. La faible diversification de leurs productions ne leur permet pas de disposer d'un pouvoir de marché et ils sont soumis aux fluctuations de la demande mondiale. Dans l'agriculture, ils doivent par ailleurs affronter la concurrence des producteurs subventionnés (Union européenne, États-Unis). Aussi les évolutions des termes de l'échange sont-elles le plus souvent défavorables, ce qui contribue à creuser l'endettement extérieur.

b) La promotion des exportations

La plupart du temps, ces stratégies ont remplacé les politiques de substitution des importations, qui butaient sur la faiblesse de la demande intérieure.

Cette stratégie a été adoptée initialement par les pays asiatiques [4]. L'objectif est de substituer progressivement aux exportations de produits primaires des produits de plus en plus sophistiqués. On parle de remontée de filière.

c) Le bilan des stratégies extraverties

Ces stratégies ont été incontestablement plus efficaces que les stratégies introverties. Elles sont à la base des succès des nouveaux pays industrialisés, qui ont connu un fort développement depuis les années 1950. Cependant, seuls les pays qui ont réellement effectué une « remontée de filière » [5] sont parvenus à consolider leur situation à long terme. Cela supposait des investissements de modernisation afin d'intégrer le progrès technique et des efforts de formation de la main-d'œuvre. Par ailleurs, l'ouverture sur l'extérieur s'est parfois accompagnée d'une forte intervention de l'État, destinée à limiter la dépendance vis-à-vis des capitaux étrangers, et de l'instauration de politiques protectionnistes.

Section 2. Les politiques d'ajustement structurel d'inspiration libérale

1. Les causes

La crise de la dette des PED éclate à la fin des années 1970. Ces pays se sont endettés pour financer l'industrialisation. L'échec de ces stratégies et l'instabilité des cours des matières premières n'ont pas permis de dégager des recettes suffisantes pour faire face aux remboursements. La hausse des taux d'intérêt consécutive au durcissement de la politique monétaire américaine a par ailleurs renchéri le coût des prêts contractés à taux variables. Le Mexique, le Brésil et l'Argentine se sont alors déclarés en cessation de paiements. Le FMI et la Banque mondiale ont consenti des prêts conditionnés à l'adoption de politiques structurelles : ce sont les politiques

4. Hong-Kong, Singapour, Corée du Sud, Taiwan.

5. Le pays passe de productions caractérisées par une faible valeur ajoutée et une main-d'œuvre peu qualifiée à des productions à plus forte valeur ajoutée et nécessitant davantage de capital technique et de main-d'œuvre qualifiée.

d'ajustement structurel (PAS), baptisées « consensus de Washington » par John Williamson en 1989.

2. Les composantes du consensus de Washington

Les mesures à la base des PAS reposent sur une sévère critique des politiques autocentrées et de l'intervention de l'État. Trois principes président à ces politiques : libéralisation, privatisation et dérégulation. Elles consistent en :
– une réorientation de la politique budgétaire afin de permettre une réduction des déficits publics, un allègement de la fiscalité et le développement des activités sources d'externalités positives ;
– des privatisations et une dérégulation des marchés ;
– la fixation des taux d'intérêt et des taux de change par les marchés ;
– la suppression des barrières protectionnistes et l'ouverture aux IDE.

3. Le bilan des stratégies d'ajustement

Les PAS ont permis le désendettement des économies les plus solides (en particulier les NPI asiatiques) mais elles se sont révélées désastreuses pour la majorité des pays d'Amérique latine et d'Afrique. La rigueur budgétaire s'est traduite par une réduction des efforts en matière de politique sociale, de santé et d'éducation et a engendré une explosion des inégalités et de la pauvreté. L'ouverture des économies n'a pas permis de favoriser la croissance économique, et l'instabilité des capitaux étrangers dans les années 1990 a réactivé la crise financière au Mexique, en Russie et au Brésil.

Ces échecs ont abouti à compléter les PAS par des mesures destinées à faire émerger de nouvelles institutions plus favorables à la croissance, dans la lignée des analyses de D. North : lutte contre la corruption et contre la pauvreté, amélioration de la gouvernance des entreprises.

Néanmoins, les PAS font l'objet de critiques acerbes visant à l'émergence d'une nouvelle économie du développement. À la suite des analyses de Joseph Stiglitz, d'Amartya Sen et des théories de la croissance endogène, l'accent est mis sur la nécessité d'élargir le concept de développement à l'accès à la culture, à la démocratie, à la santé, à l'éducation et à la réduction des inégalités (critères pris en compte dans l'IDH). La lutte contre les crises financières qui ont fortement déstabilisé les économies des PED nécessite par ailleurs une nouvelle régulation du système financier. Ces analyses insistent, enfin, sur la nécessaire complémentarité entre les marchés et l'intervention de l'État et remettent en cause certaines privatisations.

Retenir l'essentiel

Les stratégies de développement adoptées par les PED depuis les années 1950 ont abouti à des résultats décevants. Les stratégies autocentrées dirigées par l'État (substitution aux importations et industries industrialisantes) ont conduit à des choix inefficaces en termes de croissance et ont plongé les économies dans l'endettement. Les stratégies engagées dans la cadre du consensus de Washington (développement extraverti et libéralisation de l'économie) n'ont pas obtenu de meilleurs résultats. Pourtant, certains pays sont parvenus à amorcer un processus durable de développement (les NPI d'Asie). Les stratégies qu'ils ont adoptées sont un subtil mélange des modèles dirigistes (État entrepreneur et réforme agraire) et du modèle libéral (développement de l'industrie à partir des exportations). Aujourd'hui émerge une nouvelle économie du développement qui vise à prendre davantage en compte les aspects non monétaires du développement, à réguler le système financier et à mettre en place une économie mixte.

Chapitre 6
Les politiques économiques

La politique économique est l'ensemble des moyens mis en œuvre de façon coordonnée par les pouvoirs publics pour atteindre certains objectifs. Une politique économique se définit par rapport à la hiérarchie des objectifs retenus et aux instruments mis en œuvre.

On retient en général cinq grands objectifs : la croissance économique, la stabilité des prix, le plein emploi, la réduction du déséquilibre extérieur et la baisse des déficits publics (le carré magique de Nicholas Kaldor). D'autres objectifs peuvent toutefois être poursuivis : la réduction des inégalités, la satisfaction de certains besoins collectifs...

On oppose habituellement la *politique conjoncturelle*, qui vise à corriger les variations spontanées à court terme de la croissance, des prix et des déséquilibres extérieurs (fiche 1), à la *politique structurelle*, destinée à modifier durablement les structures de l'économie et dont l'horizon est le long terme (fiche 2).

Les politiques structurelles ont évolué en fonction des contextes historiques et des analyses théoriques dominantes. Aux politiques keynésiennes des « Trente Glorieuses » ont succédé des politiques plus libérales. Aujourd'hui, l'heure est à une recomposition de ces politiques avec des emprunts divers à ces deux courants.

Fiche 1
Les politiques conjoncturelles

Les politiques conjoncturelles reposent sur la mobilisation de deux instruments : la politique budgétaire et la politique monétaire. La coordination des deux politiques s'appelle le *policy mix*.

Section 1. La politique budgétaire

1. Les instruments de la politique budgétaire

La politique budgétaire consiste à utiliser les instruments budgétaires et fiscaux pour influer sur l'activité économique. Il s'agit de faire varier le niveau et la structure des dépenses publiques et des prélèvements fiscaux afin d'agir sur le niveau de la demande globale.

La réflexion économique porte fréquemment sur le solde budgétaire : l'accroissement du déficit budgétaire est associé à une politique de relance, et sa diminution à une politique de rigueur.

a) Le multiplicateur budgétaire et les stabilisateurs automatiques

L'effet de la politique budgétaire sur l'activité économique s'analyse à travers le *mécanisme du multiplicateur*. La hausse de la demande oblige les entreprises à puiser dans leurs stocks et à accroître la production. Cela peut nécessiter une hausse de l'investissement et de l'emploi et donc une nouvelle augmentation des revenus distribués dans l'économie, qui va de nouveau stimuler la consommation. Au total, l'accroissement du revenu national est supérieur à la stimulation budgétaire initiale. Ces enchaînements ne sont cependant pas infinis car à chaque stade se produisent des fuites : l'épargne et les importations. À l'inverse, lorsque l'État diminue ses dépenses, on observe, « toutes choses égales par ailleurs », une diminution de la demande globale et donc de l'activité.

Les politiques de hausse ou de contraction de la demande peuvent également être menées à partir d'une augmentation ou d'une baisse de la fiscalité. Toutefois, on considère en général que le *multiplicateur fiscal* est inférieur au *multiplicateur des dépenses* car celles-ci agissent directement sur le niveau de l'activité alors que la baisse de la fiscalité produit d'abord une augmentation des revenus, dont une partie sera épargnée.

Même en l'absence de volonté de relance, le budget peut avoir une action contra-cyclique : c'est le jeu des *stabilisateurs automatiques*. En période de ralentissement de l'activité, les recettes de l'État diminuent (car il a moins de rentrées fiscales). En revanche, ses dépenses à caractère social (allocations chômage, entre autres) augmentent, si bien que le déficit public croît et contribue au soutien de l'activité économique.

b) Les contraintes pesant sur la politique budgétaire

L'État peut être contraint pour des raisons réglementaires [1]. Au-delà de ces contraintes, il doit veiller à ce que sa dette reste *soutenable* ; sinon, il courrait le risque de voir le service de la dette (les remboursements) absorber une part croissante du budget dans les périodes ultérieures et de voir la dette s'auto-entretenir (mécanisme de *« boule de neige »*). Un taux d'endettement trop important risque par ailleurs d'inquiéter les institutions financières, qui peuvent réclamer des taux d'intérêt de plus en plus élevés pour acheter des titres de la dette publique.

Les variables budgétaires ne sont pas malléables à souhait. Les gouvernements subissent des pressions diverses qui les empêchent là de prélever un nouvel impôt, ailleurs de diminuer les dépenses. Il existe un *« effet de cliquet »* des avantages accordés, sur lesquels il est difficile de revenir par la suite. Les décisions d'aujourd'hui ne doivent pas réduire les marges de manœuvre dans le futur.

Déficit et dette publics en France, 2011-2015 (en % du PIB)

Intitulé	2011	2012	2013	2014	2015
Déficit au sens de Maastricht	– 5,1	– 4,8	– 4,0	– 4,0	– 3,6
Dette brute des administrations publiques	85,2	89,6	92,4	95,3	96,1
Dette nette des administrations publiques (1)	76,9	80,6	83,6	86,5	87,3

(1) La dette nette des administrations publiques se définit comme la différence entre la dette au sens de Maastricht et les actifs exigibles (dépôts, crédits, titres de créance négociables) détenus par les administrations publiques sur des agents privés.

Source : INSEE, comptes nationaux – base 2010.

1. Voir partie 2, chapitre 7, « Les politiques européennes ».

c) Les conditions d'efficacité

Le multiplicateur est d'autant plus fort que la *propension à consommer* est élevée[2]. Il faut aussi que l'accroissement de la consommation bénéficie le plus possible aux productions sur le territoire national. Ainsi, plus la *propension à importer* est faible, plus le multiplicateur est élevé.

L'efficacité de la politique budgétaire dépend également du *régime de change* et du *degré de mobilité des capitaux*. En théorie, la politique budgétaire est plus efficace en changes fixes qu'en changes flexibles (modèle de Mundell-Fleming). En effet, en *changes fixes*, le financement du déficit budgétaire fait augmenter les taux d'intérêt, ce qui risque de limiter l'effet expansionniste. Cependant, si la mobilité des capitaux est forte, l'afflux de capitaux de l'étranger limite la hausse des taux d'intérêt. En *changes flexibles*, l'augmentation des taux et l'afflux de capitaux conduisent à une revalorisation de la monnaie nationale et, donc, à une perte de compétitivité des exportations.

2. Les critiques des politiques budgétaires expansionnistes

On peut reprendre ici les conclusions des analyses monétaristes de la fonction de consommation[3]. Une hausse du revenu à court terme n'entraîne pas nécessairement un accroissement de la consommation et l'effet multiplicateur peut être annulé. Un autre mécanisme est susceptible de nuire à l'efficacité des politiques budgétaires de relance : l'augmentation des importations. En effet, toutes choses égales par ailleurs (la propension à importer restant constante), la hausse du pouvoir d'achat des ménages les conduit à augmenter leur consommation de biens importés. La détérioration du solde commercial provoque alors des effets néfastes en chaîne : le taux de change subit une pression à la baisse. L'échec des politiques budgétaires fait gonfler l'endettement, qui contraint les États à augmenter la pression fiscale. Au-delà d'un certain seuil, celle-ci ne permet plus d'accroître les recettes fiscales (analyse de la courbe de Laffer). En effet, la hausse de la

2. Voir partie 1, chapitre 4.

3. Voir partie 1, chapitre 4, fiche 1 (« Consommation et épargne »).

fiscalité produit un effet désincitatif sur l'épargne, l'investissement et le travail, ce qui ralentit la croissance économique et donc le rendement des prélèvements obligatoires.

Évolution de la dette de quelques économies depuis 1998 (en % du PIB)

	Moyenne 1998-2007	2010	2011	2012	2013	2014	2015	2016*
États-Unis	60,7	94,7	99,0	102,5	104,8	105,0	105,8	107,5
Zone euro	67,9	84,0	86,6	91,3	93,4	94,5	93,2	92,5
Allemagne	61,9	81,0	78,4	79,7	77,4	74,9	71,0	68,2
France	62,2	81,5	85,0	89,4	92,3	95,6	96,8	98,2
Royaume-Uni	40,1	76,6	81,8	85,3	86,2	88,2	89,3	89,1
Japon	162,4	215,8	231,6	238,0	244,5	249,1	248,1	249,3

* Estimations.

Source : FMI, *World Economic Outlook*, avril 2016 *(https://www.imf.org/external/pubs)*.

Section 2. La politique monétaire et la politique du change

La politique monétaire recouvre l'ensemble des actions entreprises par les banques centrales pour atteindre les objectifs qu'elles se sont fixés en conformité avec leurs mandats.

1. Les objectifs de la politique monétaire

La politique monétaire peut contribuer à la réalisation des objectifs cités plus haut. Leur hiérarchie a cependant évolué au cours du temps, en fonction des avancées de la théorie économique et du mouvement de globalisation financière.

a) La stabilité du système bancaire

C'est historiquement le premier objectif des banques centrales. Elles assurent le rôle de *« prêteur en dernier ressort »* en refinançant les banques confrontées à un manque de liquidités. Elles mettent par ailleurs en place des dispositifs préventifs visant à limiter les risques pris par les banques dans leurs opérations de crédit (ratios de réserves obligatoires et de capital, interdiction de certaines opérations…).

b) La stabilité des prix

Les banques centrales sont garantes de la valeur de la monnaie, qui n'est autre que son pouvoir d'achat en biens et en services. La stabilité des prix constitue, depuis le début des années 1980, le principal objectif des banques centrales, conformément aux analyses monétaristes. L'inflation survient lorsque la quantité de monnaie émise est supérieure à celle de la production potentielle, sur laquelle la monnaie n'a aucune influence. Les banques centrales doivent donc contrôler l'évolution de la masse monétaire. Dans la pratique, elles réagissent en fonction de l'évolution d'objectifs intermédiaires (masse monétaire, taux d'intérêt, inflation…).

c) Le taux de change

Le taux de change est nécessairement un objectif de la politique économique. Une sous-évaluation favorise les exportations mais attise l'inflation et risque de provoquer des fuites de capitaux. Une surévaluation favorise les importations et peut nuire à la croissance économique et à l'emploi. Une trop grande volatilité des taux de change rend plus complexes les calculs des entreprises lorsqu'elles doivent déterminer leur stratégie (investissement, prix).

Les banques centrales sont en charge de la conduite de la politique de change. Elles peuvent influencer le taux de change par des interventions directes sur le marché des échanges (en utilisant leurs réserves de change). Toutefois, les instruments traditionnels de politique monétaire peuvent aussi influencer indirectement le taux de change. Ainsi, une hausse des taux attire les capitaux étrangers à la recherche de rémunérations plus élevées.

L'influence de la politique monétaire sur le taux de change limite les marges de manœuvre des banques centrales lorsqu'elles cherchent à stabiliser le taux de change et que les capitaux sont mobiles. En effet, une baisse des taux d'intérêt (pour relancer la croissance) provoque des sorties de capitaux qui poussent le taux de change à la baisse. C'est ce que l'on appelle le *« triangle d'incompatibilité »* (Robert Mundell).

d) La croissance économique

Durant les « Trente Glorieuses », sous l'influence des analyses keynésiennes, la croissance économique était un objectif essentiel des politiques monétaires. Les économistes keynésiens croient en l'existence d'un chômage conjoncturel révélant une insuffisance de la demande globale par rapport à la production potentielle. Dans ces conditions, une politique monétaire expansive ne s'avère pas nécessairement inflationniste mais peut stimuler la croissance économique en relançant l'investissement et la consommation. Toutefois, la mise en œuvre de la politique monétaire n'agit pas directement sur la demande globale (à l'inverse des dépenses publiques) mais passe par les comportements des agents. C'est pourquoi les économistes keynésiens estiment que la politique budgétaire est plus efficace. La politique monétaire expansionniste permet cependant de contenir la hausse du taux d'intérêt engendrée par l'augmentation de la demande globale ; la relance budgétaire peut ainsi atteindre son efficacité maximale.

e) La stabilité financière

Jusqu'à une date récente, on considérait que la stabilité des prix suffisait à garantir la stabilité financière. Tout au plus acceptait-on que la banque centrale joue son rôle de « prêteur en dernier ressort » lorsqu'un établissement faisait défaut. La crise financière survenue en 2007 (crise dite des « *subprimes* ») a montré que les banques centrales ne peuvent pas se préoccuper uniquement du taux d'inflation. La politique expansive de la Banque centrale américaine (la Fed) n'a certes pas débouché sur une accélération de l'inflation, en revanche elle a nourri une « *bulle spéculative* », particulièrement dans le marché de l'immobilier et en matière de produits dérivés.

2. Les instruments de la politique monétaire

Les banques cherchent à agir sur la liquidité en offrant davantage de monnaie banque centrale aux banques commerciales. Si cette monnaie est abondante, les banques peuvent accorder plus facilement des crédits. À l'inverse, si elle est plus rare, les banques de second rang réduiront leurs crédits. La banque centrale cherche également à influencer les taux sur le marché monétaire interbancaire *via* ses taux directeurs. Plus ceux-ci sont élevés, moins les crédits seront abondants.

a) Les taux directeurs sur le marché monétaire

Les opérations de refinancement sur le marché monétaire interbancaire

La banque centrale fournit aux banques commerciales, sur appels d'offres, de la monnaie banque centrale contre des titres pris en pension. Le taux des principales opérations de refinancement est appelé « refi ».

Les facilités permanentes

On distingue deux types de facilité permanente :
– des facilités de prêts en monnaie banque centrale (directement auprès de la banque centrale, pour faire face à un problème transitoire de liquidité). Le taux pratiqué, appelé « taux de facilité de prêt marginal », est supérieur au taux de refinancement principal ;
– des facilités de dépôt : elles permettent aux banques commerciales de placer leurs liquidités au jour le jour, à un taux inférieur au refi.

Les taux directeurs

On parle de taux directeurs car le taux moyen auquel les banques commerciales s'échangent de la monnaie banque centrale sur le marché interbancaire est supérieur au refi et inférieur au taux de facilité de prêt marginal. Ce taux moyen est appelé EONIA *(Euro OverNight Index Average).*

b) Les réserves obligatoires

Ce sont des dépôts obligatoires des établissements financiers sur leur compte à la banque centrale[4].

3. Les conditions d'efficacité des politiques monétaires

Selon les analyses théoriques en économie ouverte (modèle de Mundell-Fleming), les politiques monétaires sont plus efficaces en changes flexibles qu'en changes fixes. En effet, en changes fixes, elles entrent rapidement en

4. Voir partie 1, chapitre 3, fiche 1 (« La monnaie »).

contradiction avec l'objectif de stabilité du taux de change (et ce d'autant plus que les capitaux sont mobiles). En changes flexibles, les politiques monétaires retrouvent des marges de manœuvre plus importantes. Dans la pratique, il faut tenir compte du fait que les banques centrales peuvent difficilement se désintéresser de l'évolution du taux de change. Les degrés de liberté sont souvent plus réduits.

Retenir l'essentiel

La politique conjoncturelle repose sur la mobilisation des politiques budgétaire et monétaire. Elles visent à la stabilisation de l'activité économique et, plus précisément, à une croissance équilibrée à court terme. Les analyses divergent sur l'opportunité de ces politiques. Les libéraux sont sceptiques quant à l'efficacité des politiques budgétaires car les comportements des agents (notamment en matière de consommation) risquent de limiter très fortement le multiplicateur de dépenses publiques et, *in fine*, de laisser à l'État un endettement croissant. En matière de politique monétaire, ils estiment que l'objectif principal doit être la stabilité des prix. Les keynésiens sont plus optimistes sur l'efficacité de la politique budgétaire et de la politique monétaire pour soutenir la croissance économique. En général, on considère que la politique budgétaire est plus efficace en changes fixes et dans un contexte de forte mobilité des capitaux. Les conditions sont inverses pour la politique monétaire.

Fiche 2
Les politiques structurelles

Richard Musgrave proposait trois fondements principaux aux interventions publiques. Les politiques conjoncturelles correspondent à la *fonction de stabilisation*. Les politiques structurelles recouvrent les *fonctions d'allocation des ressources* et *de redistribution*. Les interventions structurelles et les objectifs poursuivis ne font cependant pas l'unanimité.

Section 1. Les débats

1. Les fondements d'une intervention correctrice de l'État

Les économistes de l'« *école du bien-être* » (Arthur Cecil Pigou) justifient les interventions structurelles de l'État au nom des *défaillances du marché*. Dans certaines conditions, les mécanismes de marché ne permettent pas d'atteindre une allocation et une répartition optimales des ressources.

a) Les rendements croissants

En présence de rendements croissants (en particulier lorsque les coûts fixes sont élevés), le marché tend naturellement au monopole[5]. L'État doit alors veiller à ce que les firmes qui en bénéficient n'abusent pas de leur position dominante en leur imposant un cahier des charges conforme à l'intérêt général ou en les nationalisant. Cette intervention s'impose d'autant plus qu'il s'agit de la prise en charge de fonctions d'intérêt général comme les services publics en réseau (électricité, chemins de fer...). L'État peut également soutenir les productions nationales lorsqu'elles sont confrontées aux politiques de *dumping* dont bénéficient leurs concurrents étrangers.

5. Voir chapitre 2 de la première partie, consacré à l'étude des marchés, page 31.

b) Les externalités

Il y a externalité lorsque l'action d'un agent affecte le bien-être d'un ou de plusieurs autres agents sans qu'il en retire une rétribution si l'effet est positif ou qu'il en assume le coût si l'effet est négatif. Dans cette situation, l'optimum individuel ne coïncide pas avec l'optimum social.

c) Les biens collectifs

Au sens strict, il s'agit de *biens indivisibles* et *non rivaux* (donc consommables par de nombreux agents) pour lesquels il est impossible d'exclure des agents. Dans ces conditions, le risque de comportement de *passager clandestin* est important : nul n'a intérêt à se déclarer prêt à payer pour disposer de ce bien. La production privée échoue et l'État doit la prendre en charge en finançant l'essentiel du coût par les recettes fiscales. Certains biens collectifs sont essentiels au bon fonctionnement de l'économie et à la cohésion sociale (réseau routier, éclairage public…).

L'État peut également intervenir pour corriger la répartition initiale des revenus. Celle-ci peut laisser à certains individus des revenus insuffisants pour couvrir leurs besoins essentiels et mettre en œuvre leur potentiel. Elle risque de conduire à des inégalités menaçant la cohésion sociale. L'intervention de l'État répond alors à des impératifs à la fois de justice sociale et d'efficacité économique.

2. Les critiques de l'interventionnisme étatique

Les économistes libéraux dénoncent les interventions de l'État qui perturbent l'efficacité des mécanismes de marché. Pour Ronald Coase, mettre en évidence les défaillances du marché ne suffit pas pour justifier l'intervention de l'État dans l'économie. Il faut également prouver qu'il ne fera pas moins bien que le marché. Les économistes libéraux se sont alors efforcés de démontrer les défaillances de l'État. Les économistes du *Public Choice* (James Buchanan, Gordon Tullock) estiment que les responsables politiques sont davantage mus par leur intérêt personnel que par la recherche de l'optimum social. Ces derniers ont tendance, afin de maximiser leurs chances de réélection, à favoriser les groupes de pression qui les soutiennent. Pour William Niskanen, les bureaucrates sont surtout incités à élargir leur influence, à accroître leur prestige et donc à favoriser une surproduction de biens publics. Par ailleurs, ils sont souvent pris en otages par les experts, qui seuls maîtrisent les données techniques des dossiers et qui en profitent pour accroître leur pouvoir. Dans ces conditions, les politiques de redistribution ont des effets désincitatifs à cause de revenus de transfert trop généreux et d'une pression fiscale excessive. Ces effets pervers sont amplifiés par des réglementations paralysantes (du fait notamment de l'affaiblissement des mécanismes concurrentiels). L'allocation des ressources ne correspond plus aux impératifs de l'efficacité économique et conduit à un gâchis de ressources rares.

Section 2. Les politiques contemporaines

I. La politique de l'emploi[6]

a) Politiques passives et politiques actives

Les politiques passives

Elles reposent sur le constat qu'il est impossible de créer assez d'emplois pour réduire le chômage. Elles visent à offrir un revenu de substitution aux chômeurs (allocations chômage, revenu minimum) ou à réduire la population active (préretraite). Elles comportent également des dispositifs réglementaires du marché du travail (salaire minimum, règles de licenciement...). Dominantes au début de la crise, les politiques passives sont devenues, à partir des années 1990, plus sélectives et plus restrictives sans réellement disparaître. Elles sont en effet accusées d'être responsables du chômage de longue durée et de constituer des « trappes à pauvreté »[7].

Les politiques actives

Elles recouvrent l'ensemble des mesures visant à accroître le nombre d'emplois dans l'économie : exonérations de charges sociales, subventions pour

6. Pour aller plus loin, voir partie 2, chapitre 2 (« Le chômage et l'emploi »).

7. Voir partie 2, chapitre 2, fiche 2 (« Le chômage et le sous-emploi »).

certaines catégories d'emploi, création d'emplois publics. Depuis les années 1990, une préoccupation centrale de ces politiques est aussi d'améliorer les appariements sur le marché du travail puisque, même en période de chômage élevé, on recense de nombreuses offres d'emploi non satisfaites. Il s'agit donc d'améliorer le fonctionnement du service public de l'emploi, ainsi que le niveau de formation des chômeurs et de les inciter à reprendre plus rapidement un emploi (les réformes des indemnités chômage et le passage du RMI au RSA, en particulier, ont pour objectif de rendre toujours « payante » la reprise d'un emploi par rapport à la situation de chômage).

b) Dépenses ciblées, dépenses générales et minima sociaux

Une seconde distinction peut être faite, entre les dépenses ciblées et les dépenses générales.

Les dépenses ciblées

Elles sont financées par l'État, les collectivités territoriales ou les administrations de Sécurité sociale. Elles concernent les demandeurs d'emploi et les personnes en difficulté sur le marché du travail (emplois aidés, accompagnement et formation, indemnisation du chômage, préretraites).

Les dépenses générales

Elles recouvrent les allègements généraux et les exonérations de cotisations sociales et d'impôt en faveur des bas salaires ou des heures supplémentaires, ainsi que les incitations à l'emploi[8].

Les minima sociaux

Certains minima sociaux relèvent également des aides à l'insertion et sont donc inclus dans les dépenses de la politique de l'emploi. Certaines dépenses sont directement intégrées aux dépenses ciblées indemnisation du chômage, et d'autres le sont aux dépenses générales (intéressement, RSA activité).

---

8. Sont exclues certaines dépenses qui ne visent pas exclusivement à créer des emplois (exemple : taux réduits de TVA dans le bâtiment et la restauration). Elles contribuent cependant aux objectifs de la politique de l'emploi.

Dépenses ciblées ou générales en faveur de l'emploi et du marché du travail, et autres minima sociaux, évolution 2009-2013
(en milliards d'euros)

	2009	2010	2011	2012	2013
Dépenses ciblées	46 207	50 302	46 966	48 446	50 894
dont : – dépenses actives	*13 165*	*14 721*	*12 489*	*12 111*	*12 677*
– maintien et soutien du revenu en cas d'absence d'emploi	*27 769*	*29 399*	*29 088*	*30 870*	*32 447*
Dépenses générales	40 501	40 420	38 097	37 071	45 548
dont : – exonérations	29 866	30 067	25 537	2 260	25 122
– incitations financières à l'emploi	*4 731*	*4 677*	*4 614*	*4 233*	*4 011*
– mesures en faveur de l'emploi dans certaines zones	*1 731*	*1 636*	*1 535*	*1 593*	*1 591*
– mesures en faveur de l'emploi dans certains secteurs	*6 948*	*7 053*	*6 592*	*6 694*	*6 865*
Autres minima sociaux *(RMI, allocation de parent isolé, RSA « socle »)*	14 129	14 259	15 167	16 197	17 360

Source : « Les dépenses en faveur de l'emploi et du marché du travail en 2013 », *DARES Analyses*, n° 20, novembre 2015.

2. La politique de la concurrence

Dans l'optique libérale, la concurrence est favorable au consommateur car elle élimine les surprofits et incite à l'innovation. On considère qu'elle favorise également la compétitivité. La politique de la concurrence trouve son origine dans la promulgation du *Sherman Anti-Trust Act* aux États-Unis (1890), qui visait à lutter contre le pouvoir exorbitant d'entreprises en situation de quasi-monopole. Elle a influencé le droit européen de la concurrence (traité de Rome, 1957).

a) La lutte contre les pratiques anticoncurrentielles

Le contrôle des concentrations

Afin d'éviter l'établissement ou le renforcement d'une position dominante dans l'Union européenne, le droit communautaire a instauré un contrôle des concentrations. Il a pour objectif d'éviter de créer ou de renforcer une position dominante. Une difficulté essentielle de ces contrôles est d'identifier le marché pertinent qui sera affecté par l'opération. Ainsi, une opération peut donner lieu à une position dominante en Europe mais déboucher sur des parts de marché beaucoup plus réduites à l'échelle mondiale. On risque alors d'empêcher l'émergence d'un « champion européen » indispensable au dynamisme des économies du « Vieux Continent ».

Le contrôle des abus de position dominante

Il a pour but d'interdire les pratiques destinées à empêcher l'émergence de concurrents : *prix prédateurs*, pression sur les fournisseurs… À la suite des analyses de la *théorie des marchés contestables* (Baumol, Panzar et Willig), il ne s'agit plus de lutter contre les monopoles en tant que tels car leur position peut être le résultat de la concurrence et consacrer leur supériorité. L'objectif de la politique est alors de veiller à ce qu'il n'y ait pas de *barrières illicites à l'entrée* sur le marché, de façon que subsiste une concurrence potentielle qui incite le monopole à faire des efforts de productivité (donc de prix) et d'innovation.

L'interdiction des ententes illicites entre firmes

L'objectif est de lutter contre tous les accords entre firmes faussant la concurrence sur un marché : ententes sur les prix ou sur la répartition géographique des marchés. La détection de ces pratiques est, par définition, difficile. Depuis 1996, les sanctions sont allégées pour les firmes qui dénoncent leur participation à de telles ententes.

b) Le cas particulier des monopoles naturels

Les pouvoirs publics doivent veiller à ce que le monopole naturel n'exploite pas son pouvoir de marché. Toutefois, la tâche est délicate car il ne connaît pas avec précision les coûts de l'entreprise et il peut difficilement évaluer les efforts fournis en matière d'innovation et de gains de productivité. Des contrats incitatifs peuvent être mis en œuvre mais leurs résultats sont souvent décevants. La situation de monopole naturel découle le plus souvent de coûts fixes très élevés dans la construction et la gestion des infrastructures (gestion de réseau). Il est en revanche possible d'instaurer une concurrence viable dans l'utilisation du réseau. Ce principe a été appliqué aux secteurs de la téléphonie, de l'électricité et du transport ferroviaire. Des autorités administratives indépendantes (par exemple, l'Autorité de régulation des communications électroniques et des postes – ARCEP) sont ensuite chargées de veiller à la régulation du marché en favorisant l'émergence de nouveaux opérateurs et en surveillant les pratiques non concurrentielles.

3. La politique industrielle

a) Les justifications de la politique industrielle

Elle repose sur plusieurs constats essentiels :
– l'industrie joue un rôle majeur dans la croissance économique. Les *théories de la croissance endogène* mettent en évidence l'influence positive sur la croissance de la *recherche-développement* (Romer), de l'*accumulation du capital humain* (Lucas) et des *infrastructures publiques* (Barro). Or l'effet bénéfique de ces facteurs tient aux *externalités positives* qu'ils exercent. Il y a donc là des opportunités pour des interventions de l'État (subventions, investissements, politique fiscale incitative) ;
– certains secteurs industriels sont particulièrement importants pour garantir l'indépendance nationale (armement, énergie...) ;
– les mutations industrielles dans le cadre de la mondialisation conduisent à des réaffectations de ressources entre les secteurs qui prennent du temps et qui ont des conséquences économiques et sociales parfois très lourdes, voire insupportables (coûts de la reconversion des bassins industriels de la sidérurgie, des mines, du textile...).

b) Les évolutions des objectifs et des modalités d'intervention de la politique industrielle française

Durant les « Trente Glorieuses », la politique industrielle française était axée sur des *politiques sectorielles verticales*. L'État, dans le cadre de la *planification indicative*, fixait les axes stratégiques du développement industriel. Il finançait la recherche des laboratoires publics, les infrastructures et les grandes entreprises publiques. Les commandes publiques offraient alors à ces entreprises un débouché essentiel. Au lendemain de la Seconde Guerre mondiale, l'accent est mis sur la reconstruction et le développement des industries de base. À partir des années 1960, l'objectif est la constitution de grands groupes (politique de fusion et d'acquisition) et le développement d'importants programmes technologiques (aéronautique, télécommunications, énergie…). La fin des années 1970 est marquée par la conduite des restructurations sous l'effet de la crise : désengagement des activités en déclin et investissements dans des *créneaux* à haut potentiel.

Au cours des années 1980 et 1990, la politique industrielle est réorientée *en faveur des politiques horizontales* destinées à renforcer l'environnement des entreprises et à favoriser la recherche et l'innovation. L'État producteur fait place à un État incitateur afin d'échapper aux sanctions de l'OMC et de la Commission européenne, qui chassent les pratiques anticoncurrentielles. Depuis le milieu des années 2000, la politique des *pôles de compétitivité* renforce cette orientation : l'État finance des projets locaux innovants qui reposent sur la coopération entre les centres de recherche, les grandes entreprises et des PME.

4. La politique de l'environnement

a) Les justifications des interventions de l'État en matière d'environnement

➤ Le capital naturel est un *bien commun* : il n'a pas de propriétaire légal (l'air est non appropriable). C'est un *bien rival* dans son utilisation (la consommation d'une personne diminue la quantité disponible pour les autres). Le risque est donc important que le capital naturel soit trop utilisé au regard de ses capacités de renouvellement.

➤ La pollution exerce une *externalité négative*. Le niveau de pollution émis par des acteurs maximisant leur utilité individuelle est donc supérieur à celui qui correspond à l'optimum social.

b) Les instruments de la politique de l'environnement

Les instruments réglementaires

Les réglementations en matière de lutte contre la pollution se présentent sous des formes multiples : interdiction de certains modes de production ou, au contraire, imposition de certaines techniques ; limitation des émissions de produits polluants. Ces instruments reposent donc sur une détermination *a priori* des volumes de produits polluants. L'intérêt en matière de politique environnementale est que les objectifs sont atteints avec certitude. Ces instruments sont cependant de plus en plus critiqués. Il faut d'abord souligner le coût administratif de ces réglementations : des contrôles sont nécessaires afin d'obliger les entreprises à les respecter. Elles supposent ensuite que l'information dont disposent les pouvoirs publics soit suffisamment fiable pour qu'ils puissent déterminer efficacement le bon niveau de pollution. La principale critique émane toutefois des économistes, qui considèrent que les réglementations imposent des objectifs à toutes les entreprises, quel que soit le coût que cela leur impose. Dès lors, le risque est élevé que les objectifs soient trop faibles pour certaines d'entre elles, qui pourraient aisément supporter un effort plus important, alors qu'ils peuvent être excessifs pour d'autres. Les normes techniques restent néanmoins adaptées lorsque les risques ne sont pas clairement probabilisables et que les coûts potentiels sont exorbitants (cas d'un accident nucléaire ou du type Seveso, par exemple).

Les instruments économiques

Les taxes environnementales (taxes pigouviennes)

Elles peuvent être assises sur le volume de produit ou, directement, sur les émissions de produits polluants. L'objectif est de peser sur les coûts marginaux de production et d'inciter ainsi les entreprises à réduire leur production, à mettre en œuvre des opérations de dépollution ou à adopter de nouveaux procédés de production moins polluants. L'entreprise opère un arbitrage entre le coût de ces adaptations et le paiement de la taxe.

Les marchés de droit à polluer (ou permis d'émission négociables)

Ils ont été théorisés par John Harkness Dales. Les permis d'émission négociables sont des titres négociables sur des marchés spécialement créés à cette fin. Les titres portent sur des droits d'émission qui limitent *a priori* les possibilités d'émission de certaines substances polluantes. Ces droits sont ensuite négociables : une firme disposant de droits en excès peut les vendre à une autre qui se trouve contrainte. Lorsqu'une entreprise émet une quantité de polluant supérieure à ses quotas, elle peut soit en acheter, soit dépolluer, soit payer une amende. Les agents sont donc amenés à comparer ce que leur coûte la réduction d'une unité supplémentaire de pollution avec ce que leur coûterait l'achat d'un permis. La possibilité de revendre les permis incite par ailleurs les entreprises à mettre en œuvre des solutions moins polluantes.

c) Les politiques dans la pratique

Des taxes pigouviennes ont été instaurées dans certains pays, notamment les pays scandinaves. En Norvège, les taxes sur le dioxyde de carbone, entrées en vigueur dès 1991, ont permis de réduire les émissions de ce gaz aussi bien sur les installations fixes de combustion que sur les véhicules à moteur. Les taux de fiscalité différents entre les carburants ont permis d'orienter la consommation de gazole en direction de sa variante la moins polluante, ce qui s'est traduit par une diminution de 75 % des émissions de soufre des véhicules diesels. Au Danemark, la taxe sur les déchets non dangereux a fait baisser la part des déchets mis en décharge de 39 à 18 %, tandis que le recyclage progressait de 32 à 61 %. Dans le cadre des accords de Kyoto (1997), les pays industrialisés se sont engagés à lutter contre les émissions de gaz à effet de serre. Cela a conduit, entre autres, à la mise en place d'un marché européen de permis d'émissions négociables. Jusqu'à présent, l'expérience est peu concluante. En effet, le nombre de permis mis en circulation a sans doute été trop élevé. Par ailleurs, la crise économique a contribué à faire baisser le prix des permis sur le marché, ce qui réduit fortement les incitations à rechercher des solutions moins polluantes.

Retenir l'essentiel

Les politiques structurelles sont des politiques de long terme qui, comme leur nom l'indique, visent à agir sur les structures de l'économie afin de favoriser l'émergence des conditions favorables à une croissance soutenable. Initialement, ces interventions de l'État étaient justifiées par les défaillances du marché. Les libéraux contemporains estiment néanmoins que cela n'est pas suffisant. Encore faut-il que l'État ne fasse pas plus mal que les mécanismes de marché. Depuis les années 1980, on assiste à une redéfinition des politiques structurelles. L'État est de moins en moins entrepreneur et vise davantage à donner les bonnes incitations aux agents et à fournir les infrastructures nécessaires à la croissance économique. On fait plus confiance aux mécanismes de marché et aux vertus de la concurrence.

Chapitre 7
Les politiques européennes

L'intégration économique européenne s'est réalisée en plusieurs étapes qui l'ont menée d'une union douanière à une union monétaire en passant par une expérience de stabilisation des taux de change au sein du Système monétaire européen (SME) (fiche 1).

L'adoption de la monnaie unique a profondément modifié l'exercice de la politique conjoncturelle. La politique monétaire est conduite par la Banque centrale européenne (BCE) et s'applique à tous les pays de l'Union européenne (UE). En revanche, la politique budgétaire reste sous la responsabilité des États. Elle est cependant encadrée par un Pacte de stabilité. Depuis la mise en place de la monnaie unique, l'Union économique et monétaire (UEM) a rencontré certaines difficultés qui ont rendu nécessaires une évolution des pratiques de la BCE et des aménagements du Pacte de stabilité (fiche 2).

L'intégration européenne suppose que les obstacles au libre-échange aient été abolis et que la concurrence ne soit pas faussée entre les entreprises. Elle ne peut par ailleurs s'accommoder de disparités économiques et sociales trop importantes entre les territoires (entre nations et à l'intérieur de celles-ci). C'est pourquoi des politiques structurelles ont été mises en place dès les premières étapes de la construction européenne. Ces politiques ont été aménagées au fil du temps afin d'en corriger certains effets pervers et de les adapter aux contraintes nées de la mondialisation (fiche 3).

Fiche 1
Analyse économique de l'intégration européenne

Section 1. De l'union douanière à l'Union économique et monétaire

Faute de pouvoir conduire immédiatement à une union politique, la construction européenne a d'abord emprunté le chemin de l'intégration économique et, principalement, du développement des échanges *via* le Marché commun puis le Grand Marché, condition indispensable au développement de politiques communes.

Suivant la typologie proposée par Béla Balassa, la Communauté économique européenne suit un *processus d'intégration économique croissante* :
– dès 1968, elle constitue une *union douanière* : suppression des barrières quantitatives (1961) et des droits de douane (1968), adoption d'un tarif extérieur commun ;
– depuis 1993, elle constitue un Marché commun : abandon de toutes les barrières à l'échange, ouverture des marchés publics, liberté de circulation des capitaux et des facteurs de production, reconnaissance mutuelle des diplômes ;
– depuis 1999, les pays qui ont adhéré à l'UEM forment une union monétaire : monnaie et politique monétaire uniques, réglementations communes pour les politiques budgétaires.

Les degrés de l'intégration économique (typologie de Balassa)

	Intégration des marchés			Intégration monétaire	Intégration des politiques économiques
	Suppression des obstacles au libre-échange	Politique commerciale commune	Mobilité des facteurs et des capitaux	Taux de changes fixes ou monnaie commune	Politiques économiques communes
Zone de libre-échange	X				
Union douanière	X	X			
Marché commun	X	X	X		
Union monétaire	X	X	X	X	
UEM	X	X	X	X	X

Source : Philippe Rollet et Florence Huart, « L'intégration économique européenne », *in* Gérard Duthil et William Marois (dir.), *Politiques économiques*, Ellipses, coll. « Universités », 1998.

Section 2. Grand Marché et union douanière

L'*union douanière* débouche sur un *effet de création de commerce* (Jacob Viner) : la suppression des barrières à l'échange favorise leur développement. La concurrence accrue permet une spécialisation des pays en fonction de leurs *avantages comparatifs*. Les entreprises profitent d'un marché plus étendu, ce qui augmente les *économies d'échelle* favorables à la baisse des prix.

La concurrence accrue stimule la recherche de gains de productivité et l'innovation, donc la compétitivité des entreprises au niveau mondial. Par conséquent, l'union douanière est susceptible d'exercer un effet positif en termes de croissance économique.

Section 3. Le SME : stabilité des changes et triangle d'incompatibilité

La flexibilité des taux de change à partir de 1973 constituait une menace pour les avancées européennes dans le domaine commercial. En effet, elle a débouché sur une forte instabilité des changes qui risquait de conduire à des dévaluations compétitives (protectionnisme déguisé), des efforts moins intenses en termes d'exportation (une dévaluation pouvant ruiner des années d'efforts de compétitivité) et un brouillage des calculs en matière d'investissement. C'est pourquoi les pays européens ont institué en 1979 le Système monétaire européen (SME), destiné à assurer la stabilité des changes.

Cette stabilité des changes se payait cependant d'une perte de marges de manœuvre en matière de politique monétaire : il est impossible, lorsque les capitaux sont mobiles, de mener une politique monétaire autonome car celle-ci affecte le taux de change et oblige la banque centrale à intervenir sur le marché des changes. Or les réserves de change sont limitées, ce qui contraint rapidement à choisir entre stabilité du taux de change et autonomie de la stratégie monétaire. C'est ce que l'on appelle le « *triangle d'incompatibilité* » (R. Mundell).

Le SME fonctionnait de manière asymétrique. On a parlé d'une « zone mark ». La politique rigoureuse de la Bundesbank obligeait les autres pays à s'aligner sur des taux d'intérêt élevés, ce qui pénalisait l'investissement, la croissance et l'emploi. Par ailleurs, les accès de faiblesse du dollar avaient tendance à pousser le Deutsche Mark à la hausse et contraignaient les autres pays à durcir un peu plus leur politique monétaire pour stabiliser leur taux de change. Ces politiques de « désinflation compétitive » (voir schéma ci-contre) ont permis d'abaisser fortement l'inflation mais au prix d'un important ralentissement de la croissance économique et de l'aggravation de certains déséquilibres (chômage, déficits publics...). Dès 1991, les marchés financiers estiment que des pays ne pourront plus supporter la rigueur imposée par le SME et spéculent contre certaines monnaies (lire, franc, etc.). Les difficultés du SME poussent les Européens à poursuivre l'intégration monétaire et à mettre en place la monnaie unique.

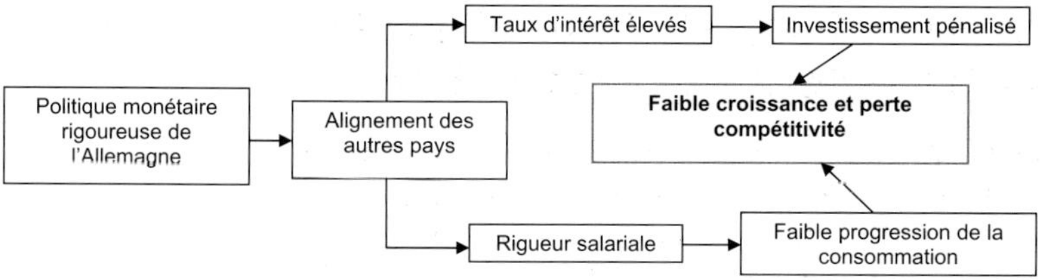

Section 4. La monnaie unique : des avantages escomptés à l'analyse en termes de zone monétaire optimale

1. Les avantages attendus de la monnaie unique

a) Sur les marchés des biens

La suppression des taux de change favorise le fonctionnement du « Grand Marché ». La disparition des coûts liés aux changes permet une baisse des prix et une hausse de la demande. Elle favorise une comparaison directe des prix et, donc, la concurrence au sein de la zone euro. Elle supprime les risques liés aux fluctuations des taux de change et stimule les investissements à long terme.

b) Sur les marchés financiers

Elle permet la fusion des instruments et le passage d'une gestion à l'échelle nationale à une gestion à l'échelle européenne, d'où des économies d'échelle et une efficacité accrue dans l'allocation des ressources.

c) Pour la conduite de la politique économique

Elle met fin aux dévaluations compétitives et soulage les politiques monétaires nationales (plus d'intervention pour soutenir le taux de change).

Le débat sur les risques de l'UEM s'est focalisé sur la question de savoir si l'Union européenne était ou non une zone monétaire optimale (ZMO).

2. La théorie des zones monétaires optimales

a) Les conditions d'une ZMO

Un groupe de pays ou de régions qui adopte une monnaie unique se prive de la possibilité de dévaluer sa monnaie pour restaurer sa compétitivité-prix et retrouver de la croissance (perte d'un instrument de politique économique).

R. Mundell énonce les conditions nécessaires pour que les avantages potentiels soient supérieurs aux coûts :

- les chocs touchant les différents pays affectent la région dans son ensemble et pas certains pays spécifiquement. Dans ce cas, les dévaluations sont inutiles ;

- si tel n'est pas le cas, il faut bénéficier d'instruments de régulation alternatifs :
  – la flexibilité du marché du travail (mobilité sectorielle et géographique, en particulier) ;
  – des transferts budgétaires entre pays dans le cadre d'un budget fédéral. Lorsqu'un pays connaît une conjoncture défavorable, ses contributions au budget fédéral diminuent du fait de la baisse des recettes fiscales alors que les transferts dont il bénéficie augmentent (au titre de la politique sociale, par exemple).

b) L'Union européenne est-elle une ZMO ?

Sur le premier point, il n'est pas aisé de trancher. Il semblerait toutefois que les chocs soient relativement spécifiques aux pays. À la fin des années 1990, en effet, les économies européennes apparaissent plutôt hétérogènes.

Sur les deuxième et troisième points, il n'y a pas de doute : l'Union n'est pas une ZMO.

La majorité des économistes estiment alors que l'Europe ne constitue pas une ZMO. Certains y trouvent argument pour rejeter la monnaie unique. D'autres estiment que cette dernière sera suffisamment contraignante pour susciter des réformes et des évolutions structurelles qui rapprocheront l'Union d'une ZMO.

Retenir l'essentiel

La construction européenne peut être interprétée comme un processus d'intégration croissante allant de la mise en place d'un marché commun à l'adoption de la monnaie unique. L'instabilité des taux de change dans les années 1970 menaçait les acquis du Marché commun. C'est pourquoi les Européens ont cherché, dans un premier temps, à stabiliser leurs taux de change au sein du SME. Cette stabilité s'est toutefois payée d'une perte de marges de manœuvre de la politique économique et a sans doute conduit à l'atonie de la croissance économique. Au cours des années 1990, les difficultés du SME ont abouti à l'adoption d'une monnaie unique. Les analyses en termes de zone monétaire optimale ne sont pas optimistes sur les chances de réussite de l'euro. Les défenseurs de la monnaie unique considèrent cependant qu'elle incitera les pays membres à mener les réformes nécessaires.

Fiche 2
La politique conjoncturelle dans l'Union monétaire

Section 1. La politique monétaire

1. Les dispositifs

➤ La politique monétaire est définie et mise en œuvre pour la « zone euro » par le Système européen de banques centrales. Il est composé de la Banque centrale européenne (BCE) et des banques centrales nationales. La banque centrale est indépendante du pouvoir politique afin d'assurer sa parfaite crédibilité auprès des marchés.

➤ La BCE a pour principal objectif la stabilité des prix. Elle l'a définie comme *« une progression sur un an de l'indice des prix inférieure à 2 % dans la zone euro »*. Sa stratégie repose sur l'annonce d'un objectif de croissance pour l'agrégat M3, considéré comme un indicateur avancé des tensions inflationnistes (premier pilier). Parallèlement, elle surveille un certain nombre d'indicateurs susceptibles d'affecter l'évolution des prix à court terme (second pilier)[1].

➤ La BCE doit théoriquement exécuter la politique de taux de change décidée par les ministres des Finances des différents gouvernements de l'Union. Dans la pratique, sa marge de décision est plus grande car il y a un risque de conflit d'objectif avec la stabilité des prix, qui est jugée prioritaire.

➤ Les instruments de la politique de la BCE[2].

2. L'adoption de politiques monétaires non conventionnelles depuis 2010

Depuis son institution en 1998, la BCE s'est attachée à respecter le plus possible l'objectif de stabilité des prix. Cependant, à partir de 2008, confrontée aux conséquences de la crise économique et financière, elle n'a pas hésité à mener des politiques monétaires « non conventionnelles » dès lors que la baisse des taux d'intérêt s'était révélée insuffisante pour rétablir la situation des banques et relancer le crédit. Ces mesures consistent en :
– une politique d'assouplissement quantitatif, c'est-à-dire une augmentation très importante de la quantité de monnaie en circulation. Pour ce faire, elle s'est lancée à partir de 2010 dans un programme d'achat de titres publics de pays en difficulté. En janvier 2015, elle a annoncé un programme d'achat de titres privés et publics à raison de 60 milliards d'euros par mois jusqu'en mars 2017 (80 milliards depuis 2016). En décembre 2011 et février 2012, la BCE a prêté 1 019 milliards d'euros aux banques européennes pour une durée de trois ans, à un taux de 1 %. Elle s'apprête, en 2016, à leur prêter de nouveau massivement sur quatre ans à taux zéro, à condition que ces sommes alimentent les crédits aux entreprises et aux ménages :
– une politique d'assouplissement du crédit *(credit easing)*. Elle a assoupli la gamme des titres qu'elle accepte de racheter pour rendre la politique d'assouplissement quantitatif plus efficace ;
– elle s'est par ailleurs engagée à maintenir ses taux directeurs très bas afin d'agir sur les anticipations de croissance et d'inflation.

---

1. Voir partie 2, chapitre 3, fiche 3 (page147).
2. Voir partie 2, chapitre 6, pages 197 et suiv.

Ces politiques ont incontestablement permis d'éviter la crise de liquidités des banques et fait baisser les taux d'intérêt à un niveau extrêmement bas, ce qui a permis de contenir l'explosion de l'endettement public et privé. Cela a eu pour conséquence de soutenir les marchés monétaires et financiers, qui ne se sont pas effondrés.

Pourtant, ces politiques ne sont pas parvenues à relancer l'investissement et la croissance. L'incertitude sur l'avenir a rendu les entreprises plus prudentes en matière d'endettement tandis que les banques ont privilégié l'apurement de leurs bilans. Comme le souligne Mario Draghi (président de la BCE), la politique monétaire ne peut à elle seule relancer la croissance économique.

Les politiques monétaires non conventionnelles présentent cependant certains risques :

- de nouvelles « bulles » spéculatives risquent de se développer du fait de l'abondance des liquidités ;
- la baisse des taux dans les pays développés favorise les mouvements de capitaux en direction des pays émergents, ce qui devrait aboutir à une réévaluation de leurs monnaies. Or il n'est pas certain que ces pays l'acceptent (car cela risque de pénaliser leurs exportations). On peut donc s'attendre à une relance de la guerre des monnaies au niveau mondial ;
- enfin, les politiques non conventionnelles permettraient de reporter dans le temps les politiques de restructuration nécessaires et de maintenir en vie des acteurs peu performants (notamment chez les acteurs financiers).

Section 2. La politique budgétaire

I. Les principes[3]

a) Le principe de subsidiarité

Les compétences politiques sont en principe nationales, à moins qu'il ne soit démontré qu'un transfert au niveau communautaire améliore l'efficacité de l'intervention.

À partir du moment où les États perdent la possibilité de recourir aux instruments monétaires, la politique budgétaire reste le seul instrument de régulation macroéconomique pour faire face à des chocs asymétriques.

b) Le Pacte de stabilité et de croissance

L'autonomie des politiques budgétaires nationales est encadrée par le Pacte de stabilité. La Commission européenne veut éviter toute tentative de certains États de laisser filer leurs finances publiques, sachant que les conséquences monétaires sont supportées par l'ensemble de la Communauté européenne. Les principes directeurs du Pacte sont les suivants :
– les États doivent ramener à moyen terme les déficits publics en dessous de 3 % du PIB, et la dette en dessous de 60 % ;
– mise en place d'un mécanisme tendant vers l'équilibre budgétaire à moyen terme ;
– définition d'un catalogue de sanctions en cas de non-respect du Pacte ;
– création d'un système préventif répressif.

c) L'absence de solidarité financière et de coordination des politiques

➤ Le principe de *« no bail out »* (interdiction faite aux États membres de renflouer un autre État de la zone en difficulté financière) est inscrit au

3. Pour compléter cette section, voir Jean-Luc Sauron (dir.), *Comprendre l'Union européenne*, La Documentation française, coll. « FAC », 2016 (partie 2, chapitre 3, « L'Union économique et monétaire »).

traité de Maastricht. Le Pacte de stabilité est, de toute façon, censé éviter à la zone euro la dérive financière d'un de ses membres.

➤ Les traités européens ne prévoient aucune coordination des politiques budgétaires qui aurait mené à la mise en place de politiques différenciées en fonction de la situation et des besoins des pays membres.

2. Les évolutions

a) Les aménagements du Pacte de stabilité

Il s'est avéré difficile de respecter le Pacte en période de faible croissance économique. Aussi a-t-il été révisé une première fois en 2005 afin de le rendre moins contraignant (non-application de la procédure pour déficit excessif en cas de récession, prise en compte des efforts en matière de réformes structurelles).

Cependant, la crise qui éclate à partir de 2007 pousse les déficits et les dettes à la hausse et, rapidement, 25 pays sur 27 ne respectent pas les règles. Au sommet du 30 janvier 2012 est adopté le *traité sur la stabilité, la coordination et la gouvernance* (TSCG), qui vise à renforcer la discipline budgétaire. Les principales dispositions consistent en des sanctions quasi automatiques en cas de déficit supérieur à 3 % du PIB, un engagement de limiter les déficits structurels à 0,5 % du PIB et l'instauration d'une règle d'or budgétaire constitutionnelle dans tous les pays (lois-cadres pluriannuelles d'équilibre des finances publiques).

b) L'émergence d'une solidarité financière

En 2010, on assiste à d'inquiétants mouvements spéculatifs contre les emprunts des États les plus endettés (la Grèce bien sûr mais aussi l'Italie, l'Espagne, le Portugal, l'Irlande…). Afin d'éviter un défaut de paiement de ces États, le *Fonds européen de stabilisation financière* (FESF) est créé. Il donne le pouvoir à la Commission européenne d'emprunter sur les marchés financiers pour le compte de l'UE dans le but de jouer le rôle de « prêteur en dernier ressort » (les emprunts sont garantis par les États et le FMI). En juillet 2011, le FESF se voit accorder le droit de racheter des titres de la dette publique sur les marchés secondaires. Conçue initialement comme temporaire, cette solidarité est pérennisée sous la forme du *Mécanisme européen de stabilité* (MES), entré en vigueur en 2012. Contrairement au FESF, qui dépendait de la garantie des États, le MES disposera d'un capital propre d'au minimum 80 milliards d'euros, qui pourra monter jusqu'à 700 milliards en cas de besoin, et d'une capacité d'emprunt de 500 milliards d'euros. Les aides fournies aux États en difficulté sont conditionnés à l'adoption de programmes d'ajustement (prêts aux États et pour la recapitalisation des banques, interventions sur les marchés primaires et secondaires).

Cinq pays ont bénéficié du FESF et du MES : Chypre, l'Espagne, la Grèce, l'Irlande et le Portugal.

Retenir l'essentiel

La Banque centrale européenne conduit la politique monétaire au sein de l'Union monétaire. Son principal objectif est d'assurer la stabilité des prix (l'inflation doit être inférieure à 2 %). Elle a cependant accepté une évolution de son rôle à partir de 2010. La nécessité d'assurer la stabilité financière l'a incitée à prêter des liquidités aux banques commerciales et à leur racheter des titres de la dette publique. L'essentiel de la politique budgétaire reste sous la responsabilité des États, au nom du principe de subsidiarité. Cependant, les pratiques budgétaires sont encadrées par un Pacte de stabilité destiné à éviter des déficits et un endettement trop importants. La crise survenue en 2007 a néanmoins fait exploser les dettes publiques de la zone et a conduit à l'adoption d'un nouveau Pacte de stabilité laissant plus de marges de manœuvre à court terme mais visant à restaurer l'équilibre des finances publiques à long terme.

Fiche 3
Les politiques structurelles de l'Union européenne

Section 1. La politique de la concurrence

L'Union européenne s'est construite sur la base d'un Grand Marché au sein duquel la concurrence est libre et non faussée (traité de Rome, 1957). La Commission européenne est chargée de faire respecter ces règles. Dans l'esprit du traité, la concurrence n'est pas une fin en soi mais un moyen de favoriser l'intégration européenne (les entreprises étrangères doivent pouvoir accéder au marché national), de protéger les intérêts des consommateurs (la concurrence empêche les producteurs de profiter des rentes de position dominante) et de favoriser la compétitivité des entreprises européennes au niveau mondial (la concurrence favorise les gains de productivité et l'innovation)[4]. La Commission européenne surveille donc particulièrement les ententes, les concentrations, les abus de position dominante et les aides de l'État. La politique de la concurrence fait régulièrement l'objet de nombreuses critiques. Elle serait en particulier un obstacle à l'émergence de champions européens de taille à affronter la concurrence internationale. En effet, en centrant son analyse sur les seules parts de marché en Europe (voire, parfois, au niveau national), la Commission interdirait des fusions ou acquisitions pourtant justifiées du point de vue de l'efficacité économique (exemples : l'affaire Schneider-Legrand en 2001, la fusion de Sanofi-Synthélabo avec Aventis en 2004, la fusion entre Ryanair et Aerlingus en 2013, le rachat de Telefonica UK par Hutchinson en 2016). Les entreprises européennes seraient désavantagées face à leurs concurrents américains bénéficiant de règles plus souples en matière de concentration.

4. Pour les justifications théoriques de la politique de la concurrence, voir partie 2, chapitre 6, « Les politiques économiques ».

Section 2. La politique de cohésion et d'aménagement du territoire

1. Le principe

La politique régionale de l'Union européenne (ou politique de cohésion économique, sociale et territoriale) a pour objectif de réduire les écarts de croissance et de développement entre les régions européennes. Elle repose sur l'idée que le développement du Grand Marché et les stimulations de la concurrence ne suffiront pas à réduire les disparités entre les régions. Cette politique a évolué dans le temps en fonction des objectifs fixés au cours des sommets européens. Aujourd'hui, elle répond aux exigences de l'élargissement et aux orientations stratégiques inscrites dans l'agenda de Lisbonne (2000). Cela a conduit à réduire et redéfinir les objectifs des fonds structurels et des programmes d'initiative communautaire.

2. Les fonds structurels

a) Quatre fonds structurels

– Le **FEDER** (Fonds européen de développement régional) : il a pour mission d'aider les régions en retard de développement, en reconversion économique ou connaissant des difficultés structurelles ;
– le **FSE** (Fonds social européen) : il intervient essentiellement dans le cadre de la stratégie européenne pour l'emploi ;
– le **FEOGA** (Fonds européen d'orientation et de garantie agricole) : il contribue au développement et à l'ajustement structurel des zones rurales en retard de développement (amélioration de l'efficacité des structures de production). Le FEOGA a été remplacé en 2007 par le Fonds européen agricole de garantie (FEAGA) et le Fonds européen agricole pour le développement rural (FEADER) ;
– le **FEAMP** (Fonds européen pour les affaires maritimes et la pêche) : il soutient les évolutions structurelles du secteur de la pêche.

b) Trois objectifs prioritaires

– La **convergence** : elle concerne les régions en retard dont le niveau de vie est inférieur à 75 % de la moyenne communautaire (UE à 27 membres) ;

– la **compétitivité régionale** et l'**emploi** : ils concernent toutes les régions non couvertes par l'objectif de convergence. Désormais, l'essentiel des fonds doit être orienté vers le développement de l'économie de la connaissance, l'innovation et la recherche ;
– la **coopération territoriale** : son objectif est de promouvoir la coopération entre les régions européennes et de développer des solutions communes.

3. Les programmes d'initiative communautaire

– **Interreg :** il vise à stimuler la coopération transfrontalière, transnationale et interrégionale ;
– **LEADER** (Liaison entre actions de développement de l'économie rurale) : il est destiné à promouvoir le développement rural au travers d'initiatives de groupes d'action locale ;
– **Equal :** son objectif est de développer de nouvelles pratiques de lutte contre les discriminations et les inégalités de toute nature dans l'accès au marché du travail ;
– **Urban :** il favorise la revitalisation économique et sociale des villes et des banlieues en crise.

4. Un bilan en demi-teinte

Les rapports de la Commission concluent aux effets positifs de la politique de cohésion, estimant qu'elle a permis de favoriser la croissance tout en réduisant les disparités. Cependant, les enquêtes montrent que les pays qui ont le plus bénéficié des programmes européens ont alterné des phases de rattrapage et des phases de maintien des inégalités.

Mais le principal problème est que, dans ces pays, ce sont surtout les régions les plus riches qui ont bénéficié du processus de convergence. L'accent mis sur les infrastructures de transport peut avoir joué de façon contre-intuitive en favorisant la concentration des activités dans les métropoles afin de bénéficier d'économies d'agglomération alors que le coût d'acheminement des produits sur les marchés est réduit. Par ailleurs, il faut rappeler que les capacités redistributives des fonds européens sont limitées par la faiblesse des montants en jeu (0,35 % du PIB européen). Ce bilan en demi-teinte doit néanmoins être nuancé par la prise en compte des effets de la crise, qui a tendance à accentuer les inégalités.

Section 3. La politique agricole (PAC)

Créée par le traité de Rome en 1957, elle a été mise en place en 1962.

1. Les objectifs initiaux

La PAC a cinq objectifs :
- accroître la productivité de l'agriculture ;
- assurer un niveau de vie équitable à la population agricole ;
- stabiliser les marchés ;
- garantir la sécurité des approvisionnements ;
- assurer des prix raisonnables aux consommateurs.

2. Trois grands principes à la base de la PAC

- Un marché agricole unique : suppression des barrières douanières, harmonisation des normes sanitaires et techniques ;
- la solidarité financière : budget commun, ressources perçues indépendantes des contributions des États ;
- la préférence communautaire : ce principe est en recul aujourd'hui.

3. Les réformes

➤ La PAC est victime de son succès et a abouti, au cours des années 1970, à des surproductions (lait, beurre, vin). La Communauté met en place les quotas laitiers (1984) et subventionne les exportations.

➤ Le mode de soutien aux agriculteurs encourageait la surproduction. Ils pouvaient en effet vendre leurs produits à des « prix garantis ». En cas d'invendus, l'UE les achetait elle-même à ces prix. C'est pourquoi des aides directes ont été introduites en 1992 ; elles permettent d'assurer aux agriculteurs un revenu minimum indépendamment de la production. Ces aides sont cependant de plus en plus soumises à conditions (respect de critères environnementaux et de bien-être des animaux). Parallèlement, les mesures de soutien aux marchés (stockage, quotas) sont en net recul aujourd'hui (elles ne représentent plus que 4,3 % du budget de la PAC en 2016).

➤ En 1999, l'Agenda 2000 oriente la PAC dans le sens d'un soutien aux politiques de développement rural en cofinançant des mesures qui contribuent au dynamisme socioéconomique des territoires et à la préservation des paysages (modernisation des exploitations, formation des agriculteurs, développement du tourisme rural, diversification de la production – en particulier de l'agriculture biologique). Ces mesures représentent 24,4 % du budget de la PAC en 2016. Par ailleurs, les aides sont de plus en plus concentrées sur les zones à handicap naturel.

➤ La réforme de 2013 poursuit le « verdissement » de la PAC (les conditions environnementales à l'attribution des subventions sont renforcées). Elle corrige la répartition des aides, qui était trop inégalitaire (80 % de celles-ci bénéficiaient à 30 % des exploitations) : aucun pays ne doit percevoir moins de 75 % de la moyenne communautaire. Au sein d'un même État membre, l'aide à l'hectare ne pourra être inférieure à 60 % de la moyenne des aides versées dans une même zone.

Retenir l'essentiel

Les politiques structurelles européennes reposent sur la volonté de promouvoir la concurrence au sein de l'Union en vue d'assurer la compétitivité de l'économie européenne tout en favorisant la convergence entre les territoires et le développement des régions les plus en retard. Ces politiques sont aujourd'hui très critiquées : la politique de la concurrence est accusée de freiner l'émergence de champions européens capables de rivaliser avec les plus grands groupes mondiaux. Le bilan de la politique de cohésion et d'aménagement du territoire apparaît en demi-teinte. Elle semble avoir permis de réduire les inégalités entre les pays, mais au bénéfice des régions les plus riches. La plus forte remise en cause concerne la politique agricole commune. Celle-ci a encouragé les surproductions. Elle a été réformée par la suppression des prix garantis et la mise en place d'un soutien aux revenus des agriculteurs. En outre, elle vise de plus en plus à soutenir le développement rural et à diversifier les productions.

Bibliographie

Jean-Pierre Delas, *Économie contemporaine. Faits, concepts, théories*, Ellipses, 2008.

Suzanne Maury (dir.), *Les politiques publiques. Édition 2015-2016*, La Documentation française, coll. « FAC », 2015.

John Sloman, Alison Wride et Dean Garratt, *Principes d'économie*, Pearson Education, coll. « Éco gestion », 9e éd., 2015.

Sites internet

www.insee.fr : sur ce site, vous trouverez une multitude de statistiques économiques ainsi que de nombreuses études thématiques.

www.vie-publique.fr : ce site propose des synthèses très utiles sur les politiques publiques et certains thèmes économiques d'actualité.

Index

A

Accélérateur : 92-93, 102
Action : 13, 59, 66-71, 79-82, 108
Agence : 37
Anticipation : 44, 72, 95
Appariement : 129, 144
Avantage absolu : 158
Avantage comparatif : 155, 158-165, 168-169, 173, 185, 211

B

Banque : 43-60, 69, 73-82, 147-148, 193-197, 209-220
Barrière à l'entrée : 24, 31, 33, 167
Besoin de financement : 43, 66, 77
Bien commun : 205
Bien public : 45

C

Capacité de financement : 43, 65-66, 77
Capital : 11-12, 24, 26, 34, 58, 62-67, 73-80, 90-97, 102-112, 128, 152-157, 160-164, 168-171, 181, 192-197, 204, 210-212
Change : 16, 50, 63, 71, 79, 102, 142, 156, 187, 192-197, 209, 212-216
Chômage : 62, 89, 92, 98, 111-112, 115, 118-133, 143-144, 151, 169-173, 191, 194, 200-202, 212
Coefficient de capital : 92-93, 106, 108
Compensation : 49-54
Compétitivité : 32, 40, 62, 91, 98, 102, 133, 142, 147, 163-165, 192, 202-205, 211-214, 221-225
Concentration : 32-33, 68, 74, 146-147, 166, 222, 224
Concurrence : 23-35, 41, 62, 73-75, 78-80, 94, 107-108, 141, 149-154, 161-171, 185, 202-203, 208-213, 221-225
Convention : 39-40
Création monétaire : 13, 43, 48-55, 60-65, 76-82, 142, 145, 184
Croissance : 19-20, 32-33, 42, 55, 57, 60-62, 65, 82-83, 88, 98, 101-115, 133-136, 140-144, 147, 175-182, 187, 189, 192-197, 204, 208, 211-212, 215
Cycle : 88-89, 102, 107,137, 155, 164

D

Défaillance du marché : 198-199, 208
Délocalisation : 157, 164, 169-170
Dépendance : 175-176, 183-186
Déréglementation : 79, 129, 154
Désintermédiation : 79-80
Dette : 79, 82, 191, 216-221
Dévaluation : 60, 212-214
Développement : 34, 91, 107, 111-113, 118, 152-157, 161-165, 169-188, 204-205, 210-211, 222-225
Dichotomie : 56-59
Différenciation : 36, 40, 79, 168
Diviseur de crédit : 54-56
Division internationale du travail : 155, 165
Droit à polluer : 206
Dualisme : 180-183

E

Effet de levier : 75, 95
Effet externe : 20, 108, 110, 114, 166, 187, 199, 204, 206
Emploi : 15, 59-61, 65, 97, 102, 106-108, 111-133, 142-147, 154, 169-172, 189-190, 194, 200-202, 212, 222-223
Encaisses réelles : 57-58, 88
Engel (loi d') : 86
Épargne : 13, 17, 46, 66, 69, 74-79, 82-89, 103-108, 141, 145, 147, 153, 156, 169, 182, 190-193
Équivalence ricardienne : 87
Exportation : 15, 48, 102, 142, 145, 156, 162-165, 170, 183-188, 192, 195, 212, 225

F

Féminisation : 118-119
Financement : 12-13, 43, 46-49, 52, 54, 57, 60, 63-66, 70, 73-82, 94, 101, 148, 152, 156, 171-173, 185, 188, 192, 196
Fiscalité : 11, 16-18, 88, 90, 114, 148, 187, 191, 193, 206
Flexibilité : 28, 61, 108, 115, 126, 128, 133-134, 157, 212, 214

G

Globalisation : 152-156, 173, 193

H

Hasard moral : 37-38, 40
Hedge fund : 75-76

I

Illusion monétaire : 59, 144
Importation : 15-17, 97, 143, 159, 166, 170, 183-185, 188, 190, 193, 195
Indicateur de développement : 177-178, 188

Inégalités : 113-114, 142, 151, 172-173, 176-178, 187-189, 199, 223, 225
Inflation : 16, 19, 43-44, 47, 55-61, 65, 69, 79, 106-107, 135-149, 190, 193-195, 212, 216, 219
Innovation : 31-33, 76, 81, 154, 164, 171, 202-205, 211, 221, 223
Intérêt : 26, 35-40, 43, 55, 60-71, 78-82, 89, 92, 95-98, 108, 127, 140, 151, 155-160, 167, 170, 186-187, 191-195, 198-199, 206, 212
Investissement : 12-15, 19-20, 28, 32-33, 61, 66, 75, 81, 84, 90-98, 102-110, 129, 131, 140-142, 147, 152-157, 163, 169, 171, 181-187, 190, 193, 195, 204-205, 212-213

K

Keynes : 39-42, 56, 59-66, 75, 84, 86, 107, 110, 115, 131-133, 143-146, 195, 197

L

Leverage buy-out : 75-76
Libre-échange : 159, 209, 211

M

Masse monétaire : 46-48, 52-57, 65, 148, 194
Mondialisation : 123, 147, 151-154, 157, 169, 172-173, 205, 210
Monétarisme : 56-58, 135, 143-144, 192, 194
Monnaie : 13, 16, 43-65, 69, 73-77, 88, 136-137, 142-145, 153, 169, 192-197, 209-215
Monopole : 23-24, 29-35, 147, 149, 164, 167, 169, 198, 202-203
Multinationale : 154-155, 162, 183
Multiplicateur : 54-56, 85, 97-98, 102, 131, 190-193, 197

N

Neutralité : 56-58, 60-61, 65

O

Obligation : 13, 48, 58, 63-73, 82, 170
Okun (loi d') : 112
Opérations financières : 12-13, 153, 155
Optimum : 29, 199, 205
Option : 72, 82

P

Pacte de stabilité : 209, 218-220
Patrimoine : 18, 58, 63, 73, 87-90, 114, 141
Phillips (courbe de) : 143, 145
PIB (produit intérieur brut) : 15-16, 19-20, 136
Politique conjoncturelle : 49, 54-55, 59-62, 65, 70, 82, 84, 87, 106, 115, 131, 144-149, 156, 163, 170, 186-198, 209-220
Politique industrielle : 171, 203-204
Population active : 115-119, 123, 132, 200
Pouvoir d'achat : 16, 25, 44, 57, 88, 136, 141, 144, 148, 159, 182, 191, 194
Précarisation : 113, 126
Private equity : 76
Production : 11, 14, 20
Productivité : 61, 91-92, 94, 98, 103-106, 111-112, 114, 119, 127-129, 132-133, 141, 143, 145, 148-149, 159, 161, 163, 169, 180-182, 203-204, 211, 220, 224
Produit dérivé : 64, 71-72, 75, 82, 195
Progrès technique : 90, 98, 104-105, 108, 113, 132-133, 164, 172, 181, 186

R

Rationalité : 55, 58, 81, 86-87, 142, 144, 182
Réglementation : 24, 38, 41, 200, 206, 210
Régulation : 28-29, 79-80, 188, 204, 214, 217
Répartition : 11, 17, 20, 68, 75, 107, 141, 144, 148-149, 160, 168, 198-199, 204
Revenu : 10, 16-18, 25, 58-59, 62, 65, 84-90, 97-98, 111, 146, 177-178, 190, 200

S

Salaire : 9-10, 40, 55, 58, 61-62, 92, 107, 117, 125-131, 141-148, 159, 162, 169, 182, 200, 202
Say (loi de) : 57-60, 65
Segmentation : 67
Sélection adverse : 37-40, 58
Soutenabilité : 191
Spéculation : 60-65, 82
Stabilisateur : 81, 190-191

T

Taux directeur : 82, 148, 195-196, 216
Taxe : 18, 206
Triade : 153
Troc : 43-44, 159

U

Union douanière : 210-211
Utilité : 25-56, 58, 81, 127, 166, 206

V

Valeur ajoutée : 14, 17, 20, 55, 61, 92, 96, 107, 141, 146, 186

Z

Zone monétaire optimale : 213-216

Imprimerie de la Direction de l'information légale et administrative
N° 603160120-001016 – Dépôt légal : octobre 2016